Dr. Jaerock Lee

Tikėjimas laiduoja tai, ko viliamės

„Tikėjimas laiduoja mums tai, ko viliamės,
įrodo tikrovę, kurios nematome.
Per jį protėviai gavo gerą liudijimą.
Tikėjimu suvokiame, kad pasauliai
buvo sutverti Dievo žodžiu,
būtent iš neregimybės atsirado regima."
(Laiškas hebrajams 11, 1-3)

Tikėjimas laiduoja tai, ko viliamės by Dr. Jaerock Lee
Published by Urim Books (Representative: Johnny. H.kim)
235-3, Guro-dong 3, Guro-gu, Seoul Korea
www.urimbook.com

Visos teisės saugomos. Šios knygos ar jos dalių panaudojimas bet kokia forma, saugoma paieškos sistemoje, arba perduodama bet kokia forma ir bet kokiomis priemonėmis – elektroninėmis, mechaninėmis, fotokopijų, įrašų ar kitomis – be išankstinio raštiško leidėjo sutikimo yra draudžiamas.

Visos Šventojo Rašto citatos paimtos iš tinklavietės
RUBŠIO IR KAVALIAUSKO BIBLIJA, LBD ekumeninis leidimas 1999 m.
© Lietuvos Biblijos draugija, 1999.
© Lietuvos Vyskupų Konferencija, 1999.

Copyright © 2009 by Dr. Jaerock Lee
ISBN: 979-11-263-1159-0 03230
Translation Copyright © 2008 by Dr. Esther K. Chung. Used by permission.

Urim Books išleista korėjiečių kalba 1990 m.

Pirmas leidimas anglų kalba išleistas 2008 metų birželį

Redaktorė Dr. Geumsun Vin
Leidėjas Editorial Bureau of Urim Books
Daugiau informacijos: urimbook@hotmail.com

Įžanga

Pirmiausia dėkoju Dievui Tėvui ir garbinu Jį, įkvėpusį mus išleisti šią knygą.

Dievas, kuris yra Meilė, atsiuntė savo viengimį Sūnų Jėzų Kristų kaip atperkamąją auką žmonijai, kuri buvo pasmerkta mirčiai dėl savo nuodėmių po Adomo nepaklusnumo, ir atvėrė mums išganymo kelią. Kiekvienas, tikintis šiuo faktu, atveriantis savo širdį ir priimantis Jėzų Kristų savo Gelbėtoju gauna nuodėmių atleidimą ir Šventosios Dvasios dovaną, jis tampa Dievo vaiku. Be to, būdamas Dievo vaiku, jis tikėjimu gali gauti, ko tik prašo. Jis gyvena nieko nestokodamas ir nugali pasaulį.

Biblija sako, kad tikėjimo protėviai tikėjo Dievo galybe sukurti iš nieko tai, kas regima. Jie patyrė nuostabius Dievo darbus. Mūsų Dievas tas pats vakar, šiandien bei rytoj ir, būdamas visagalis, šiandien daro tuos pačius darbus tiems, kas tiki ir vykdo Dievo žodį, užrašytą Biblijoje.

Paskutinio savo tarnystės dešimtmečio metu mačiau daugybę Manmin bažnyčios narių, kurie sulaukė atsakymų į savo prašymus ir įvairių anksčiau kentėtų bėdų sprendimo, tikėdami ir vykdydami tiesos žodį. Jie atnešė daug garbės Dievui, patikėję Dievo žodžiu, kuris sako: „Dangaus karalystė jėga puolama, ir smarkieji ją sau grobia" (Evangelija pagal

Matą 11, 12), uoliai meldėsi ir vykdė Dievo žodį, kad įgytų didesnį tikėjimą, jie nuostabūs ir brangesni man už viską.

Ši knyga skirta tiems, kad karštai trokšta gyventi pergalingą gyvenimą, įgyti tikrą tikėjimą, garbinantį Dievą, skleisti Dievo meilę ir dalintis Viešpaties evangelija. Paskutinių dviejų dešimtmečių metu tikėjimas buvo daugybės mano pamokslų tema, jie tapo šios knygos pagrindu. Trokštu, kad knyga Tikėjimas laiduoja tai, ko viliamės taptu švyturiu, vedančiu daugybę sielų į tikrą tikėjimą.

Vėjas pučia, kur nori, ir yra nematomas. Tačiau matydami

šlamančius medžių lapus, jaučiame vėjo realumą. Panašiai ir Dievas nematomas plika akimi, tačiau Jis gyvas ir tikrai yra. Todėl pagal jūsų tikėjimą į Jį ir troškimo laipsnį jūs pamatysite, išgirsite ir patirsite Jį bei jausite Jo artybę.

Turinys

Įžanga

1 skyrius
Kūniškas tikėjimas ir dvasinis tikėjimas · 1

2 skyrius
Kūno rūpesčiai priešiški Dievui · 13

3 skyrius
Atmeskite tuščias teorijas · 29

4 skyrius
Sėkite tikėjimo sėklą · 43

5 skyrius
'Jei ką gali'?! Tikinčiam viskas galima! · 57

6 skyrius
Danielius pasitikėjo tik Dievu · 71

7 skyrius
Dievas iš anksto pasirūpina · 85

1 skyrius

Kūniškas tikėjimas ir dvasinis tikėjimas

Laiškas hebrajams 11, 1-3

Tikėjimas laiduoja mums tai, ko viliamės, įrodo tikrovę, kurios nematome. Per jį protėviai gavo gerą liudijimą. Tikėjimu suvokiame, kad pasauliai buvo sutverti Dievo žodžiu, būtent iš neregimybės atsirado regima.

Kūniškas tikėjimas ir dvasinis tikėjimas · 3

Ganytojas džiaugiasi matydamas, kad jo kaimenė turi tikrą tikėjimą ir garbina juo Dievą. Viena vertus, kai bažnyčios nariai liudija gyvąjį Dievą savo gyvenimu Kristuje, pastorius džiaugiasi ir dega troškimu vykdyti Dievo jam skirtą užduotį. Kita vertus, kai ganomieji neauga tikėjime ir atsiduria išbandymuose bei skausmuose, ganytojas liūdi, jam skauda širdį.

Be tikėjimo ne tik neįmanoma patikti Dievui ir gauti atsakymų į maldas, bet ir labai sunku turėti dangaus viltį bei tinkamai gyventi. Tikėjimas yra kertinis krikščioniško gyvenimo akmuo. Tikėjimas yra kelias į išganymą, būtinas Dievo atsakymams į mūsų maldas. Mūsų laikais daugybė žmonių nežino teisingo tikėjimo apibrėžimo, todėl neturi tikro tikėjimo. Jie neturi įsitikinimo savo išgelbėjimu. Jie nevaikšto tiesoje ir negauna atsakymų iš Dievo, nors vadina save tikinčiaisiais.

Tikėjimas būna dviejų kategorijų: kūniškas ir dvasinis. Šis skyrius paaiškins, kas yra tikras tikėjimas, kaip gauti Dievo atsakymus ir būti vedamiems į amžinąjį gyvenimą per tikrą tikėjimą.

Kūniškas tikėjimas

Kai jūs tikite tuo, ką matote akimis ir kas derinasi su jūsų žiniomis bei protavimu, jūsų tikėjimas yra kūniškas. Kūnišku tikėjimu jūs tikite tik tuo, kas padaryta iš to, kas regima. Pavyzdžiui, jūs tikite, kad suolas padarytas iš medžio.

Kūniškas tikėjimas dar vadinamas „tikėjimu protu." Kūnišku tikėjimu jūs tikite tik tuo, kas neprieštarauja jūsų turimoms žinioms ir mintims. Jūs neabejodami tikite, kad suolas pagamintas iš medžio, nes matėte arba girdėjote, kad suolai daromi iš medžio, ir puikiai tai suprantate.

Žmogaus smegenys turi atminties sistemą, kaupiančią įvairiausias žinias nuo pat gimimo. Smegenų ląstelėse kaupiama informacija apie tai, ką mes matėme, girdėjome, sužinojome iš savo tėvų, brolių, seserų, draugų ir kaimynų, ko išmokome mokykloje. Prireikus mes panaudojame sukauptas žinias.

Ne visos žinios saugomos mūsų smegenyse yra tiesa. Dievo žodis yra tiesa, nes jis pasilieka amžinai, o žinios iš pasaulio lengvai keičiasi, jos yra tiesos ir netiesos mišinys. Pasaulio žmonės neturi pilno tiesos supratimo, todėl neatpažįsta netiesos ir naudoją ją kaip tiesą. Pavyzdžiui, jie tiki, kad evoliucijos teorija teisinga, nes mokėsi jos mokykloje, nežinodami Dievo žodžio. Tie, kas buvo mokomi, kad ką nors galima padaryti tik iš to, kas jau yra, negali patikėti, kad kas nors yra padaryta iš nieko.

Jeigu žmogus, turintis kūnišką tikėjimą, verčiamas tikėti, kad kai kas yra padaryta iš nieko, nuo gimimo sukauptos ir laikomos teisingomis žinios neleidžia jam tuo tikėti, abejonės apninka jį, ir jis nepatiki.

Trečiame Evangelijos pagal Joną skyriuje žydų didžiūnas vardu Nikodemas atėjo pas Jėzų pasikalbėti dvasiniais klausimais. Pokalbio metu Jėzus uždavė iššaukiantį klausimą: „Jei netikite, man kalbant apie žemės dalykus, tai kaipgi tikėsite, jei kalbėsiu jums apie dangiškuosius?" (12-a eilutė)

Kai pradedate krikščionišką gyvenimą, jūs kaupiate visas Dievo žodžio žinias, kurias girdite. Tačiau iš pradžių jūs negalite visiškai tikėti Dievo žodžiu, ir jūsų tikėjimas būna kūniškas. Turint kūnišką tikėjimą, nuolat apninka abejonės, ir jūs gyvenate ne pagal Dievo žodį, nebendraujate su Dievu ir nepatiriate Jo meilės. Todėl kūniškas tikėjimas dar vadinamas „tikėjimu be darbų" arba „negyvu tikėjimu."

Kūniškas tikėjimas negali išgelbėti. Jėzus pasakė Evangelijoje pagal Matą 7, 21: „Ne kiekvienas, kuris man šaukia: 'Viešpatie, Viešpatie!' įeis į dangaus karalystę, bet tik tas, kuris vykdo mano dangiškojo Tėvo valią." Evangelija pagal Matą 3, 12 sako: „Jo rankoje vėtyklė, ir jis išvalys savo kluoną. Kviečius surinks į klėtį, o pelus sudegins neužgesinama ugnimi." Trumpai tariant, jeigu jūs nevykdote Dievo žodžio, ir jūsų tikėjimas yra be darbų, neįeisite į dangaus karalystę.

Dvasinis tikėjimas

Kai tikite tuo, kas neregima ir prieštarauja žmogaus mintims bei žinioms, jūs turite dvasinį tikėjimą. Jūs tikite dvasiniu tikėjimu, kad regimybė gali atsirasti iš neregimybės.

Dvasinio tikėjimo apibrėžimas duotas Laiške hebrajams 11, 1: „Tikėjimas laiduoja mums tai, ko viliamės, įrodo tikrovę, kurios nematome." Kitaip sakant, kai žiūrite į pasaulį dvasinėmis akimis, tai, kas nematoma, jums tampa tikrove, tikėjimas apreiškia jums tai, ko viliatės. Dvasiniame tikėjime tampa įmanoma ir virsta tikrove tai, ko neįmanoma padaryti kūnišku tikėjimu, kuris dar vadinamas „tikėjimas protu."

Pavyzdžiui, kai Mozė žiūrėjo į pasaulį tikėjimo akimis,

Raudonoji jūra buvo perskirta pusiau, ir Izraelio tauta perėjo ją sausa žeme (Išėjimo knyga 14, 21-22). Kai Jozuė, Mozės įpėdinis, ir jo tauta tikėjimo akimis žiūrėjo į Jerichą, žygiavo aplink miestą septynias dienas ir paskui sušuko, miesto siena sugriuvo (Jozuės knyga 6, 12-20). Abraomas, tikėjimo tėvas, pakluso Dievo įsakymui ir aukojo savo vienintelį sūnų Izaoką, kuris buvo Dievo pažado sėkla, nes tikėjo, kad Dievas gali prikelti žmogų iš numirusių (Pradžios knyga 22, 3-12). Štai kodėl dvasinis tikėjimas vadinamas „tikėjimu, kurį lydi darbai" ir „gyvu tikėjimu."

Laiškas hebrajams 11, 3 sako: „Tikėjimas laiduoja mums tai, ko viliamės, įrodo tikrovę, kurios nematome. Per jį protėviai gavo gerą liudijimą. Tikėjimu suvokiame, kad pasauliai buvo sutverti Dievo žodžiu, būtent iš neregimybės atsirado regima." Dangūs ir žemė bei viskas, kas yra juose, įskaitant saulę, mėnulį, žvaigždes, medžius, paukščius, žuvis ir žvėris, buvo sukurti Dievo žodžiu, ir Jis sukūrė žmones iš žemės dulkių. Visa tai buvo padaryta iš nieko, ir tik dvasiniu tikėjimu galime patikėti šiuo faktu ir suvokti tai.

Dievas savo galingu žodžiu sukūrė viską iš neregimybės. Mes išpažįstame, kad Dievas yra visagalis bei visažinis, ir gauname iš

Jo viską, ko prašome su tikėjimu, nes visagalis Dievas yra mūsų Tėvas, o mes Jo vaikai, viską gaunantys pagal savo tikėjimą.

Norėdami tikėjimu gauti Dievo atsakymus ir patirti stebuklus, jūs turite paversti savo kūnišką tikėjimą dvasiniu. Visų pirma, turite suprasti, kad žinios, sukauptos jūsų smegenyse nuo gimimo, ir kūniškas tikėjimas, pagrįstas tomis žiniomis, neleidžia jums įgyti dvasinio tikėjimo. Jūs turite atsikratyti pasitikėjimo klaidinančiomis žiniomis, kurios atneša abejones, sukauptomis jūsų prote. Klausantis Dievo žodžio ir gilinantis į jį, jūsų dvasinis pažinimas gilėja, jūs patiriate Dievo galios ženklus ir stebuklus bei gyvojo Dievo veikimą per daugybės tikinčiųjų liudijimus, abejonės dingsta, o jūsų dvasinis tikėjimas auga.

Dvasiniam tikėjimui augant, gyvename pagal Dievo žodį, bendraujame su Dievu ir gauname Jo atsakymus. Atsikratę visų abejonių, stovime ant tikėjimo uolos, įgyjame stiprų tikėjimą ir pergalingai gyvename, nebodami jokių išbandymų ir sunkumų.

Jokūbo laiškas 1, 6 įspėja: „Tegul prašo tikėdamas, nė kiek neabejodamas, nes abejojantis žmogus panašus į jūros bangas, varinėjamas ir blaškomas vėjo," o Jokūbo laiškas 2, 14 klausia: „Kas iš to, mano broliai, jei kas sakosi turįs tikėjimą, bet neturi darbų?! Ar gali jį išgelbėti tikėjimas?"

Todėl raginu jus atsiminti, kad tik atmetę visas abejones, atsistoję ant tikėjimo uolos ir parodę tikėjimo darbus, įgysite tikrą dvasinį tikėjimą, kuriuo būsite išgelbėti.

Tikras tikėjimas ir amžinasis gyvenimas

Palyginimas apie dešimt mergaičių, užrašytas 25-ame Evangelijos pagal Matą skyriuje, moko mus apie daug dalykų. Dešimt mergaičių, pasiėmusios žibintus, išėjo pasitikti jaunikio. Penkios protingosios kartu su žibintais pasiėmė induose alyvos ir sėkmingai pasitiko jaunikį, bet kitos penkios buvo paikos ir nepasiėmė alyvos, todėl pavėlavo į susitikimą su jaunikiu. Šis palyginimas atskleidžia, kad tie tikintieji, kurie ištikimai gyvena ir turėdami dvasinį tikėjimą ruošiasi Viešpaties sugrįžimui, bus išgelbėti, tuo tarpu kiti, kurie nesiruošia, nebus išgelbėti, nes jų tikėjimas negyvas ir nelydimas darbų.

Evangelijoje pagal Matą 7, 22-23 Jėzus įspėja, kad ne visi, kurie pranašavo, išvarinėjo demonus ir darė stebuklus Jo vardu, bus išgelbėti. Paaiškės, kad kai kurie iš jų buvo pelai ir nevykdė Dievo valios, gyveno nedorai ir darė nuodėmes.

Kaip atskirti kviečius nuo pelų?

Lietuvių kalbos žodynas apibrėžia „pelus" kaip „varpų ir šiaudų liekanas kuliant." Dvasine prasme pelai simbolizuoja tikinčiuosius, kurie iš pažiūros gyvena pagal Dievo žodį, bet daro nedorybes, nekeisdami savo širdies tiesa. Jie eina į bažnyčią kiekvieną sekmadienį, atneša dešimtines, meldžiasi Dievui, rūpinasi silpnaisiais ir tarnauja bažnyčiai, bet daro tai ne Dievui, o norėdami pasirodyti prieš kitus. Todėl jie bus priskirti prie pelų ir nebus išgelbėti.

Kviečiai reiškia tikinčiuosius, tapusius dvasiniais žmonėmis per Dievo tiesos žodį ir turinčius tikėjimą, nesvyruojantį jokiose aplinkybėse. Jie nenukrypsta nei į kairę, nei į dešinę ir viską daro tikėjimu: pasninkauja ir meldžiasi Dievui, kad gautų Jo atsakymą. Jie viską daro ne kitų verčiami, bet džiaugdamiesi ir dėkodami. Jie klauso Šventosios Dvasios balso, kad patiktų Dievui, ir viską daro su tikėjimu, todėl jų siela klesti, viskas jiems sekasi, ir jų sveikata visada gera.

Kviečiu jus ištirti save, ar garbinote Dievą tiesa ir dvasia, ar nepasidavėte tuščioms mintims, ar nekritikavote ir neteisėte Dievo žodžio bažnyčios susirinkimuose. Jūs turite pažvelgti atgal ir pasitikrinti, ar linksmai aukojote bažnyčiai ar šykščiai ir nenoriai – tik tam, kad pasirodytumėte prieš kitus. Kuo stipresnis taps jūsų dvasinis tikėjimas, tuo daugiau darbų lydės jus. Kuo labiau vadovausitės Dievo žodžiu, tuo daugiau gyvo tikėjimo jums bus duota, jūs gyvensite Dievo meilėje ir palaimoje, eisite su Juo, ir viskas jums seksis. Visi palaiminimai, užrašyti Biblijoje, atiteks jums, nes Dievas tikrai vykdo savo pažadus, kaip parašyta Skaičių knygoje 23, 19: „Dievas nėra žmogus, kad meluotų, ar mirtingasis, kad keistų savo mintį. Tai argi jis neįvykdys, ką pažadėjo? Argi jis nepadarys, ką pasakė?"

Tačiau jeigu jūs reguliariai lankote tikinčiųjų susirinkimus, karštai meldžiatės ir uoliai tarnaujate bažnyčiai, bet negaunate, ko trokšta jūsų širdis, turite suprasti, kad kažkas negerai su jumis.

Jeigu turite tikrą tikėjimą, jūs girdite ir vykdote Dievo žodį. Užuot pasikliovę savo mintimis ir žiniomis, jūs turite pripažinti, kad tik Dievo žodis yra tiesa ir drąsiai atmesti viską, kas prieštarauja Dievo žodžiui. Jūs turite atsikratyti visų nedorybių, įdėmiai klausydami Dievo žodžio ir siekti šventumo, nuolat melsdamiesi.

Tai netiesa, kad būsite išganyti vien lankydami bažnyčią, girdėdami Dievo žodį ir kaupdami jį kaip žinias. Jeigu nevykdote jo, turite mirusį tikėjimą be darbų. Tik įgiję tikrą dvasinį tikėjimą ir vykdydami Dievo valią jūs įeisite į dangaus karalystę ir džiaugsitės amžinuoju gyvenimu.

Supraskite, kad Dievas nori duoti jums dvasinį tikėjimą, kurį lydi veiksmai, amžinojo gyvenimo džiaugsmą ir turinčių tikrą tikėjimą Dievo vaikų garbę!

2 skyrius

Kūno rūpesčiai priešiški Dievui

Laiškas romiečiams 8, 5-8

„*Kurie gyvena pagal kūną, tie rūpinasi kūno reikalais, o kurie gyvena pagal Dvasią Dvasios reikalais. Kūno rūpesčiai veda į mirtį, o Dvasios rūpesčiai į gyvenimą ir ramybę. Kūno rūpesčiai priešiški Dievui; jie nepaklūsta Dievo įstatymui ir net negali paklusti. Kas gyvena kūniškai, negali patikti Dievui.*"

Šiandien daug žmonių lanko bažnyčią ir išpažįsta tikėjimą į Jėzų Kristų. Tai džiugi ir gera naujiena, be mūsų Viešpats Jėzus Evangelijoje pagal Matą 7, 21 pasakė: „Ne kiekvienas, kuris man šaukia: 'Viešpatie, Viešpatie!' įeis į dangaus karalystę, bet tik tas, kuris vykdo mano dangiškojo Tėvo valią" ir Evangelijoje pagal Matą 7, 22-23 pridūrė: „Daugelis man sakys, tai dienai atėjus: 'Viešpatie, Viešpatie, argi mes nepranašavome tavo vardu, argi neišvarinėjome demonų tavo vardu, argi nedarėme daugybės stebuklų tavo vardu?!' Tuomet jiems pareikšiu: 'Aš niekuomet jūsų nepažinojau. Šalin nuo manęs, nedorėliai!'"

Jokūbo laiške 2, 26 parašyta: „Kaip kūnas be dvasios miręs, taip ir tikėjimas be darbų negyvas." Todėl turite padaryti savo tikėjimą tobulą per paklusnumo darbus, kad būtumėte pripažinti ištikimais Dievo vaikais, kurie gauna, ko tik prašo.

Priėmę Jėzų Kristų savo Gelbėtoju mes džiaugiamės Dievo įstatymu ir pritariame jam savo protu. Tačiau jeigu nevykdome Dievo įsakymų, tarnaujame nuodėmės įstatymui savo kūnu ir nepatinkame Dievui, nes kūno rūpesčiai priešiški Dievui, ir mes negalime paklusti Dievo įstatymui.

Bet kai atmetame kūniškas mintis, gyvename pagal Dvasią ir vykdome Jo įsakymus, patinkame Jam kaip Jėzus, meile įvykdęs įstatymą, ir paveldime Dievo pažadą: „Tikinčiam viskas galima!"

Išsiaiškinkime, kuo skiriasi kūno ir Dvasios reikalai, kodėl kūno rūpesčiai priešiški Dievui, kaip atsikratyti kūno rūpesčių ir gyventi pagal Dvasią, kad patiktume Dievui.

Kūniškas žmogus rūpinasi kūno reikalais, dvasinis žmogus – Dvasios reikalais

1) Kūnas ir kūno geiduliai

Biblijoje randame terminus „kūnas", „kūno reikalai", „kūno geiduliai" ir „kūno darbai". Šie žodžiai turi panašią prasmę, ir reiškia dalykus, kurie pranyks, kai paliksime šį pasaulį.

Kūno darbai aiškiai išvardinti Laiške galatams 5, 19-21: „Kūno darbai žinomi; tai ištvirkavimas, netyrumas, gašlavimas, stabmeldystė, burtininkavimas, priešiškumas, nesantaika, pavyduliavimas, piktumai, vaidai, nesutarimai, susiskaldymai, pavydai, girtavimai, apsirijimai ir panašūs dalykai. Aš jus įspėju, kaip jau esu įspėjęs, jog tie, kurie taip daro, nepaveldės Dievo karalystės."

Laiške romiečiams 13, 12-14 apaštalas Paulius įspėja mus dėl kūno geidulių: „Naktis nuslinko, diena prisiartino. Tad nusimeskime tamsos darbus, apsiginkluokime šviesos ginklais! Kaip dieną elkimės padoriai, saugodamiesi apsirijimo, girtavimo, palaidumo, neskaistumo, nesantaikos ir pavyduliavimo. Apsivilkite Viešpačiu Jėzumi Kristumi ir nelepinkite savo kūno, netenkinkite jo geidulių."

Mes turime protą ir mintis. Nuodėmingi norai ir netiesos, puoselėjami mūsų mintyse, vadinasi „kūno geiduliais" ir pavirtę veiksmais tampa „kūno darbais." Kūno geiduliai ir darbai priešinasi tiesai, todėl nė vienas, nuolaidžiaujantis jiems, nepaveldės Dievo karalystės.

Dievas įspėja mus Pirmame laiške korintiečiams 6, 9-10: „Argi nežinote, kad neteisieji nepaveldės Dievo karalystės? Neklyskite! Nei ištvirkėliai, nei stabmeldžiai, nei svetimautojai nei sanguliautojai su vyrais, nei vagys, nei gobšai, nei girtuokliai, nei keikūnai, nei plėšikai nepaveldės Dievo karalystės," ir Pirmame laiške korintiečiams 3, 16-17: „Argi nežinote, kad jūs esate Dievo šventykla ir jumyse gyvena Dievo Dvasia? Jei kas Dievo šventyklą niokoja, tą Dievas suniokos, nes Dievo šventykla šventa, ir toji šventykla tai jūs!"

Jūs turite suprasti, kad neteisieji, darantys nuodėmes ir piktus darbus, nepaveldės Dievo karalystė – darantieji kūno darbus nebus išgelbėti. Budėkite, kad nepatektumėte į pagundą ir nepatikėtumėte pamokslininkais, sakančiais, kad būsite išgelbėti vien bažnyčios lankymu. Viešpaties vardu raginu nepasiduoti gundymui ir viską ištirti Dievo žodžiu.

2) Dvasia ir Dvasios troškimai

Žmogus turi dvasią, sielą ir kūną; mūsų kūnas yra mirtingas. Jis yra tik mūsų dvasios ir sielos laikinas būstas. Dvasia ir siela yra amžinos esybės, atsakingos už mūsų mintis ir teikiančios mums gyvybę.

Dvasios būna dviejų kategorijų: priklausančios Dievui ir ne iš Dievo. Štai kodėl Jono pirmas laiškas 4, 1 sako: „Mylimieji, ne kiekviena dvasia tikėkite, bet ištirkite dvasias, ar jos iš Dievo, nes pasklido pasaulyje daug netikrų pranašų."

Dievo Dvasia padeda mums išpažinti, kad Jėzus Kristus atėjo kūne, ir atskleidžia visas Dievo Tėvo mums suteiktas dovanas (Jono pirmas laiškas 4, 2; Pirmas laiškas korintiečiams 2, 12).

Jėzus pasakė Evangelijoje pagal Joną 3, 6: „Kas gimė iš kūno, yra kūnas, o kas gimė iš Dvasios, yra dvasia." Kai priimame

Jėzų Kritų ir gauname Šventąją Dvasią, Ji ateina į mūsų širdį, sustiprina mus, kad suprastume Dievo žodį, ir padeda gyventi pagal tiesos žodį bei veda mus, kad taptume dvasiniais žmonėmis. Kai Šventoji Dvasia ateina į mūsų širdį, Ji atgaivina mūsų mirusią dvasią, todėl sakome, kad naujai gimstame iš Dvasios ir tampame pašventinti per širdies apipjaustymą.

Evangelijoje pagal Joną 4, 24 mūsų Viešpats Jėzus pasakė: „Dievas yra dvasia, ir jo garbintojai turi šlovinti jį dvasia ir tiesa." Dvasia priklauso keturmačiam pasauliui, ir Dievas, kuris yra dvasia, ne tik mato kiekvieno iš mūsų širdį, bet ir žino viską apie mus.

Evangelijoje pagal Joną 6, 63 parašyta: „Dvasia teikia gyvybę, o kūnas nieko neduoda. Žodžiai, kuriuos jums kalbėjau, yra dvasia ir gyvenimas." Jėzus sako, kad Šventoji Dvasia teikia mums gyvybę, ir Dievo žodis yra dvasia.

Evangelijoje pagal Joną 14, 16-17 Jėzus sako: „Aš paprašysiu Tėvą, ir jis duos jums kitą Globėją, kuris liktų su jumis per amžius, Tiesos Dvasią, kurios pasaulis neįstengia priimti, nes jos nemato ir nepažįsta. O jūs ją pažįstate, nes ji yra pas jus ir bus jumyse." kai gauname Šventąją Dvasią ir tampame Dievo vaikais, Šventoji Dvasia veda mus į tiesą.

Šventoji Dvasia apsigyvena mumyse po to, kai priimame Viešpatį, ir atgimdo mūsų dvasią. Ji veda mus į tiesą ir padeda mums suvokti savo neteisumą, atgailauti ir palikti nuodėmes. Jeigu einame prieš tiesą, Šventoji Dvasia liūdi, sukelia mums nerimą, ragina mus suprasti savo nuodėmes ir siekti šventumo.

Be to, Šventoji Dvasia Biblijoje dar vadinama Dievo Dvasia (Pirmas laiškas korintiečiams 12, 3), ir Viešpaties Dvasia (Apaštalų darbai 5, 9 ir 8, 39). Dievo Dvasia yra amžinoji Tiesa ir gyvybę teikianti Dvasia, vedanti mus į amžinąjį gyvenimą.

Kita vertus, ne Dievo dvasia, kuri yra priešiška Dievo Dvasiai ir nepripažįsta, kad Jėzus Kristus atėjo į šį pasaulį kūne, vadinama „pasaulio dvasia" (Pirmas laiškas korintiečiams 2, 12), „antikristo dvasia" (Jono pirmas laiškas 4, 3), „klaidinančiomis dvasiomis" (Pirmas laiškas Timotiejui 4, 1) ir „netyrosiomis dvasiomis" (Apreiškimas Jonui 16, 13). Visos šios dvasios yra iš velnio. Jos ateina ne iš tiesos Dvasios. Šios melo dvasios nesuteikia gyvybės ir veda žmones į pražūtį.

Šventoji Dvasia yra tobula Dievo Dvasia. Priėmę Jėzų Kristų ir tapę Dievo vaikais, gauname Šventąją Dvasią, kuri atgimdo mūsų dvasią ir teisumą bei stiprina mus, kad neštume Šventosios

Dvasios, teisumo ir Šviesos vaisius. Tapdami panašūs į Dievą, Jos vedami, šaukiame Dievą: „Aba, Tėve!" nes gavome įsūnystės dvasią (Laiškas romiečiams 8, 12-15).

Paklusdami Šventosios Dvasios vedimui, mes atnešame devynis Šventosios Dvasios vaisiu, kurie yra meilė, džiaugsmas, ramybė, kantrybė, malonumas, gerumas, ištikimybė, romumas ir susivaldymas (Laiškas galatams 5, 22-23). Taip pat atnešame teisumo vaisių ir šviesos vaisius, kurie reiškiasi visokeriopu gerumu, teisumu ir tiesa, kol pasiekiame išganymo pilnatvę (Laiškas efeziečiams 5, 9).

Kūno rūpesčiai veda į mirtį, o Dvasios rūpesčiai į gyvenimą ir ramybę

Jeigu paklūstate kūnui, jūsų mintys visada sutelktos į kūno reikalus. Jūs gyvenate pagal kūno geidulius ir darote nuodėmes. Tuomet pagal Dievo žodį, sakantį, kad „atpildas už nuodėmę mirtis," jūs esate vedami į mirtį. Todėl Viešpats klausia mūsų: „Kas iš to, mano broliai, jei kas sakosi turįs tikėjimą, bet neturi darbų?! Ar gali jį išgelbėti tikėjimas? Taip pat ir tikėjimas: jei neturi darbų, jis savyje miręs" (Jokūbo laiškas 2, 14 ir 17).

Kūno rūpesčiai verčia ne tik nusidėti bei kankintis šioje žemėje, bet ir neleidžia paveldėti dangaus karalystės. Atsiminkite tai ir marinkite kūniškus darbus, kad pasiektumėte amžinąjį gyvenimą (Laiškas romiečiams 8, 13).

Gyvendami pagal Dvasią, jūs rūpinatės Dvasios reikalais ir iš visų jėgų stengiatės gyventi tiesoje. Tuomet Šventoji Dvasia padeda jums kovoti su priešu velniu ir šėtonu, atmesti melą ir vaikščioti tiesoje, ir jūs būnate pašventinti.

Tarkime, kas nors užgauna jus per skuostą be jokios priežasties. Jūs įniršate, bet atmetate kūniškas mintis ir pakeičiate jas dvasinėmis, prisimindami Jėzaus nukryžiavimą. Dievo žodis sako mums atsukti kitą skruostą, kai esame užgaunami per vieną, ir džiaugtis bet kokiose aplinkybėse, todėl jūs galite atleisti, kantriai viską iškęsti ir tarnauti kitiems. Todėl jums nėra ko bijoti. Jūs turite širdies ramybę. Kol tampate pašventinti, gali norėtis duoti grąžos ir sudrausti savo skriaudėją dėl jumyse esančių pikto liekanų, bet kai atmetate visas nedorybes, jūs jaučiate meilę jam, net matydami jo kaltes.

Sutelkdami mintis į dvasiniu dalykus jūs rūpinatės Dvasios reikalais ir gyvenate tiesoje. Tuomet atrandate išganymą ir tikrą gyvybę, jūsų gyvenimas tampa pilnas ramybės ir palaimos.

Kūno rūpesčiai priešiški Dievui

Kūno rūpesčiai trukdo jums melstis Dievui, o dvasiniai rūpesčiai įkvepia jūsų maldas. Rūpinimasis kūno reikalais baigiasi priešiškumu ir kivirčais, o galvojimas apie Dvasios reikalus veda į meilę ir ramybę. Kūniškos mintys priešiškos tiesai, iš tiesų jos yra priešo velnio valia ir mintys. Jeigu pasiduosite kūno rūpesčiams, atsitversite nuo Dievo siena, kuri neleis jums vykdyti Jo valios.

Kūno rūpesčiai niekada neatneša ramybės, tik nerimą ir vargus. Trumpai tariant, kūno rūpesčiai visiškai beprasmiški ir nenaudingi. Mūsų Tėvas Dievas yra visagalis ir visažinis, Jis Kūrėjas, valdantis dangų ir žemę bei viską juose, įskaitant mūsų dvasias ir kūnus. Ko Jis neduos savo mylimiems vaikams? Jeigu jūsų tėvas yra didžiulio pramonės koncerno vadovas, jums nereikia sukti galvos dėl pinigų, o jeigu jis puikus gydytojas, sveikatos priežiūra jums garantuota.

Evangelijoje pagal Morkų 9, 23 Jėzus sako: „Jei ką gali'?! Tikinčiam viskas galima!" Dvasinės mintys didina tikėjimą ir ramybę, o kūniškos – neleidžia jums vykdyti Dievo valios ir darbų, keldamos susirūpinimą, nerimą ir vargus. Štai kodėl Laiškas romiečiams 8, 7 sako: „Kūno rūpesčiai priešiški Dievui; jie nepaklūsta Dievo įstatymui ir net negali paklusti."

Esame Dievo vaikai, tarnaujantys Jam ir vadinantys Jį „Tėvu." Jeigu neturite džiaugsmo ir jaučiatės prislėgti, nusiminę ir susirūpinę, tikriausiai pasidavėte kūniškoms mintims, kurias skatina priešas velnias ir šėtonas, užuot puoselėję dvasines mintis, kurias siunčia Dievas. Tuomet turite nedelsdami atgailauti, atmesti jas ir rūpintis Dvasios reikalais, nes mes galime atsiduoti ir paklusti Dievui tik sutelkę mintis į dvasines tiesas.

Kas gyvena kūniškai, negali patikti Dievui

Kūniškai gyvenantys žmonės yra priešiški Dievui, nes nepaklūsta Dievo įstatymui ir net negali paklusti. Jie neklauso Dievo ir negali Jam patikti, todėl kenčia išbandymus ir vargus.

Abraomas, tikėjimo tėvas, visada rūpinosi dvasios reikalais, todėl galėjo paklusti net tada, kai Dievas įsakė jam paaukoti savo vienintelį sūnų Izaoką kaip deginamąją auką. Karalius Saulius, priešingai, rūpinosi kūno reikalais ir galiausiai buvo apleistas. Taip pat dėl rūpinimosi kūno reikalais pranašas Jona pateko į smarkią audrą ir buvo didelės žuvies prarytas, o izraelitai turėjo 40 metų kęsti vargus dykumoje po išėjimo iš Egipto.

Kai gyvenate pagal Dvasią ir rodote tikėjimo darbus, jūs gaunate, ko trokšta jūsų širdis, kaip pažadėta Psalmyne 37, 4-6: „Džiaukis iš širdies VIEŠPAČIU, ir jis suteiks tau, ko trokšta tavo širdis. Pavesk VIEŠPAČIUI savo kelią, pasitikėk juo, ir jis tau padės. Tavo dorumą jis nušvies kaip dienos šviesą, o tavo teisingumą padarys kaip vidudienį."

Kiekvienas, kas tikrai tiki Dievu, turi atsikratyti bet kokio nepaklusnumo, kurį kursto priešas velnias, vykdyti Dievo įsakymus ir daryti tai, kas Jam patinka, kad taptų dvasiniu žmogumi, kuris gauna, ko tik prašo.

Kaip mums daryti Dvasios darbus?

Jėzus, Dievo Sūnus, atėjo į šią žemę, tapo kviečio grūdu ir numirė už nusidėjėlius. Jis nutiesė kelią į išgelbėjimą kiekvienam, kuris priima Jį, kad taptų Dievo vaiku, ir atnešė nesuskaitomą daugybę vaisių. Jis rūpinosi tik Dvasios reikalais ir visada Dievo valiai; Jis prikėlė numirusius, gydė sergančius visokiausiomis ligomis ir išplėtė Dievo karalystę.

Ką daryti, kad elgtumėtės kaip Jėzus ir patiktumėte Dievui?

Pirma, gyvenkite Šventosios Dvasios padedami per maldas. Jeigu nesimelsite, pasiduosite šėtono darbams ir gyvensite vadovaudamiesi kūniškomis mintimis. Tačiau, kai nepaliaudami meldžiatės, Šventoji Dvasia veikia jūsų gyvenime, įtikina dėl teisumo, jūs priešinatės nuodėmei, nieko neteisiate, paklūstate Šventosios Dvasios troškimams ir tampate teisūs Dievo akyse. Net Dievo Sūnus Jėzus darė Dievo darbus per maldas. Dievas nori, kad visuomet melstumėmės, ir kai jūs be paliovos meldžiatės, gyvenate pagal Dvasią ir patinkate Dievui.

Antra, turite daryti dvasinius darbus, net jeigu to nenorite. Tikėjimas be darbų yra tik žinios. Tai negyvas tikėjimas. Kai jūs žinote, ką turite daryti, bet nedarote, nusidedate. Todėl norėdami vykdyti Dievo valią ir patikti Jam, turite darbais parodyti savo tikėjimą.

Trečia, turite atgailauti ir gauti jėgos iš aukštybių, kad įgytumėte darbų lydimą tikėjimą. Kūno rūpesčiai priešiški Dievui, nepatinka Jam ir pastato nuodėmės sieną tarp Dievo ir jūsų, todėl turite atgailauti dėl jų ir atmesti juos. Atgaila visada būtina geram krikščioniškam gyvenimui, net norėdami atmesti kūno rūpesčius turite persiplėšti savo širdį, atgailaudami dėl jų. Jeigu darote nuodėmes žinodami, kad turite to nedaryti, jaučiate nerimą širdyje. Kai atgailaujate už nuodėmes, melsdamiesi su ašaromis, susirūpinimas ir nerimas palieka jus, jūs atsigaunate, susitaikote su Dievu, susigrąžinate ramybę ir gaunate, ko trokšta jūsų širdis. Jeigu toliau melsitės, siekdami atsikratyti visų nedorybių, jūs persiplėšite savo širdį atgailoje už nuodėmes. Jūsų nuodėmingi įpročiai sudegs Šventosios Dvasios ugnyje, ir nuodėmės siena sugrius. Tuomet jūs gyvensite pagal Dvasią, darydami Jos darbus, ir patiksite Dievui.

Jeigu jaučiate sunkumą širdyje, gavę Šventąją Dvasią per tikėjimą į Jėzų Kristų, tai reiškia, kad supratote, jog savo kūno rūpesčiais esate priešiški Dievui. Todėl turite sugriauti nuodėmių sienas karštomis maldomis, kad paklustumėte Šventosios Dvasios troškimams, ir daryti Jos darbus, rūpindamiesi Dvasios reikalais. Tuomet ramybė ir džiaugsmas nužengs į jūsų širdį, jūsų maldos bus išklausytos, ir mūsų Viešpats Dievas jums suteiks, ko trokšta jūsų širdis.

Evangelijoje pagal Morkų 9, 23 Jėzus sako: „Jei ką gali'?! Tikinčiam viskas galima!" Atmeskite kūno rūpesčius, nes jie priešiški Dievui, ir gyvenkite tikėjimu, Šventosios Dvasios vedami. kad patiktumėte Dievui, darytumėte Jo antgamtiškus darbus ir didintumėte Jo karalystę, meldžiu mūsų Viešpaties Jėzaus Kristaus vardu!

3 skyrius

Atmeskite tuščias teorijas

Antras laiškas korintiečiams 10, 3-6

„*Vis dėlto, gyvendami kūne, mes kovojame ne kūniškai. Mūsų kovos ginklai ne kūniški, bet turi Dievo galybę griauti tvirtoves. Jais nugalime gudravimus ir bet kokią puikybę, kuri sukyla prieš Dievo pažinimą. Jais paimame nelaisvėn kiekvieną mintį, kad paklustų Kristui, ir esame pasirengę nubausti kiekvieną neklusnumą, kai tik jūsų klusnumas taps tobulas.*"

Jau minėjau, kad tikėjimas būna dviejų kategorijų: dvasinis tikėjimas ir kūniškas tikėjimas. Kūniškas tikėjimas dar vadinamas tikėjimu protu. Kai pirmą kartą išgirstate Dievo žodį, įgyjate tikėjimą protu, tik žinias. Tai kūniškas tikėjimas. Tačiau, kai jūs suprantate ir vykdote Dievo žodį, įgyjate dvasinį tikėjimą.

Jeigu jūs suprantate Dievo tiesos žodžio dvasinę prasmę ir padedate tikėjimo pamatą, vykdydami Jo žodį, Dievas džiaugiasi ir duoda jums dvasinį tikėjimą. Turėdami dvasinį tikėjimą, duotą ir aukštybių, jūs gausite atsakymus į savo maldas, sulauksite visų problemų sprendimo ir patirsite susitikimą su gyvuoju Dievu.

Abejonės paliks jus per šią patirtį, jūs atmesite tuščias žmonių teorijas ir stovėsite ant tikėjimo uolos, kurios niekad nesudrebins jokie išbandymai ir sunkumai. Tapę tiesos žmonėmis, turinčiais panašią į Kristaus širdį, jūs visam laikui padėsite savo tikėjimo pamatą. Turėdami šį tikėjimo pamatą, jūs gausite viską, ko prašysite su tikėjimu.

Kaip Viešpats Jėzus pasakė Evangelijoje pagal Matą 8, 13: „Tebūnie tau, kaip įtikėjai," jeigu įgysite tvirtą dvasinį tikėjimą, gausite, ko tik prašote. Jūs garbinsite Dievą savo gyvenimu, viskuo, ką tik darysite. Jūs gyvensite Dievo meilėje ir tvirtovėje, tapsite dideliu džiaugsmu Dievui.

Pasigilinkime į kelis dvasinio tikėjimo aspektus. Kas trukdo įgyti dvasinį tikėjimą? Kaip jį įgyti? Kokius palaiminimus dvasinio tikėjimo tėvai gavo Biblijoje? Ir galiausiai pamatysime, kodėl buvo apleisti pasidavusieji kūno rūpesčiams.

Dvasinio tikėjimo kliūtys

Dvasiniu tikėjimu jūs bendraujate su Dievu. Jūs aiškiai girdite Šventosios Dvasios balsą. Gaunate atsakymus į savo maldas ir prašymus, garbinate Dievą, kai valgote ar geriate, ar šiaip ką darote. Jūs gyvenate Dievo malonėje, pripažinime ir apsaugoje. Kodėl žmonės neįgyja dvasinio tikėjimo? Pažvelkime, kas mums trukdo įgyti dvasinį tikėjimą.

1) Kūno rūpesčiai

Laiške romiečiams 8, 6-7 parašyta: „Kūno rūpesčiai veda į mirtį, o Dvasios rūpesčiai į gyvenimą ir ramybę. Kūno rūpesčiai priešiški Dievui; jie nepaklūsta Dievo įstatymui ir net negali paklusti."

Protą galima padalinti į dvi dalis; viena dalis turi kūnišką prigimtį, o kita dvasinę. Kūno rūpesčiai yra visokios kūniškos mintys, pagrįstos netiesa. Kūniškos mintys yra nuodėmingos, priešingos Dievo valiai. Jos veda žmones į mirtį, kaip parašyta Laiške romiečiams 6, 23: „Atpildas už nuodėmę – mirtis." Dvasinės mintys, priešingai, pagrįstos tiesa ir atitinka Dievo valią – teisumą ir gerumą. Jos teikia mums gyvybę ir ramybę.

Tarkime, jūs susidūrėte su sunkumais ar išbandymais, neįveikiamais žmogaus jėgomis. Kūniškos mintys atneša jums nerimą ir susirūpinimą. Tačiau dvasinės mintys įkvepia jus atmesti susirūpinimą ir dėkoti bei džiaugtis, nes Dievo žodis ragina mus: „Visuomet džiaukitės, be paliovos melskitės! Visokiomis aplinkybėmis dėkokite. nes to Dievas nori iš jūsų Kristuje Jėzuje" (Pirmas laiškas Tesalonikiečiams 5, 16-18).

Dvasinės mintys visiškai priešingos kūniškoms, jos nepaklūsta ir negali paklusti Dievo įstatymui. Todėl Dievui priešiški kūno rūpesčiai trukdo mums įgyti dvasinį tikėjimą.

2) Kūno darbai

Kūno darbai yra visos nuodėmės ir nedorybės, atsiskleidusios darbais, kaip parašyta Laiške galatams 5, 19-21: „Kūno darbai žinomi; tai ištvirkavimas, netyrumas, gašlavimas, stabmeldystė, burtininkavimas, priešiškumas, nesantaika, pavyduliavimas, piktumai, vaidai, nesutarimai, susiskaldymai, pavydai, girtavimai, apsirijimai ir panašūs dalykai. Aš jus įspėju, kaip jau esu įspėjęs, jog tie, kurie taip daro, nepaveldės Dievo karalystės."

Jeigu neatmesite kūno darbų, neįgysite dvasinio tikėjimo ir nepaveldėsite Dievo karalystės. Kūno darbai neleidžia jums įgyti dvasinio tikėjimo.

3) Tuščios teorijos

Lietuviu kalbos žodynas apibrėžią žodį „teorija" kaip „logišką praktikos patyrimo apibendrinimą; faktų, reiškinių aiškinimo principus" arba „kurios nors mokslo srities pagrindinių principų, idėjų sistemą." Tuščios teorijos palaiko materialistinę pasaulėžiūrą ir tikrai ne padeda, bet trukdo įgyti dvasinį tikėjimą.

Paimkime dvi teorijas: kreacionizmą ir Darvino evoliucijos teoriją. Dauguma žmonių mokykloje išgirsta, kad žmogus išsivystė iš beždžionės. Biblija visiškai priešingai teigia, kad Dievas sukūrė žmogų. Jeigu tikite visagaliu Dievu, jūs turite tikėti, kad Dievas sukūrė viską, net jeigu mokėtės evoliucijos teorijos mokykloje.

Tik atmetę evoliucijos teoriją, kurios jus mokė mokykloje, ir patikėję, kad viską sukūrė Dievas, įgysite dvasinį tikėjimą. Priešingu atveju tuščios teorijos trukdys jums įgyti dvasinį tikėjimą, nes neįmanoma tikėti sukūrimu iš nieko pagal evoliucijos teoriją. Pavyzdžiui, net labai išsivysčius mokslui, žmonės negali sukurti spermatozoido ir kiaušialąstės. Ar įmanoma tikėti sukūrimu iš nieko, neturint dvasinio tikėjimo? Turime atmesti gudravimus, tuščias teorijas, ir bet kokią puikybę, kuri sukyla prieš Dievo pažinimą, bei paimti nelaisvėn kiekvieną mintį, kad paklustų Kristui.

Sauliaus kūno rūpesčiai ir nepaklusnumas

Saulius buvo pirmasis Izraelio tautos karalius, bet negyveno pagal Dievo valią. Jis užėmė sostą tautos prašomas. Dievas įsakė jam pulti Amaleką, sunaikinti viską, ką jis turėjo, ir išžudyti vyrus, moteris, vaikus ir kūdikius, jaučius ir avis, kupranugarius ir asilus, nepaliekant nė vieno gyvo. Karalius Saulius sutriuškino amalekiečius ir pasiekė didžią pergalę, tačiau nepakluso Dievo įsakymui ir pasigilėjo geriausių avių bei galvijų.

Saulius vadovavosi kūniškomis mintimis, pasigailėjo Agago, geriausių avių, galvijų, peniukšlių ir avinėlių bei viso, kas buvo vertinga, norėdamas paaukoti juo Dievui. Jis nenorėjo jų visų sunaikinti. Tai buvo nepaklusnumas ir išpuikęs elgesys Dievo akyse. Dievas subarė jį per pranašą Samuelį, kad karalius Saulius atgailautų ir atsiverstų, tačiau šis išsisukinėjo ir laikėsi savo teisumo (Samuelio pirma knyga 15, 2-21).

Šiandien daug tikinčiųjų elgiasi kaip Saulius. Jie nesupranta savo akivaizdaus nepaklusnumo ir nepripažįsta savo kaltės, kai pabari juos. Jie teisinasi ir atkakliai laikosi savo kūniškų minčių. Galiausiai jie tampa neklusniais žmonėmis, kurie rūpinasi kūno reikalais kaip Saulius. Kadangi kiekvieno iš šimto žmonių nuomonė skiriasi nuo kitų, elgdamiesi pagal savo supratimą jie niekada nebus vieningi. Vadovaudamiesi savo mintimis jie bus nepaklusnūs, bet elgdamiesi pagal Dievo tiesą nusileis, paklus ir susivienys.

Dievas pasiuntė pranašą Samuelį pas Saulių, kuris nepakluso Jo žodžiui, ir pranašas tarė Sauliui: „Juk nepaklusnumas ne mažesnė nuodėmė už būrimą, o pasikliovimas savimi tarsi stabmeldystės blogis. Už tai, kad atmetei VIEŠPATIES žodį, jis atmetė tave nuo karaliavimo" (Samuelio pirma knyga 15, 23).

Lygiai taip pat kiekvienas pasikliaunantis žmogiškomis mintimis ir nevykdantis Dievo valios yra nepaklusnus Dievui, todėl jeigu nesupras savo nepaklusnumo ir neatgailaus, bus apleistas Dievo kaip Saulius.

Samuelio pirmoje knygoje 15, 22 parašyta, kaip Samuelis subarė Saulių: „Argi tiek pat džiugina VIEŠPATĮ deginamosios aukos ir kruvinos aukos, kiek klusnumas VIEŠPATIES balsui? Tikrai klusnumas geriau už kruviną auką, ir atsidavimas už avinų taukus." Nesvarbu, kokios teisingos atrodo jūsų mintys, jeigu jos priešingos Dievo žodžiui, turite nedelsiant atgailauti ir palikti jas. Be to, turite padaryti savo mintis klusnias Dievo valiai.

Tikėjimo tėvai, paklusę Dievo žodžiui

Dovydas buvo antrasis Izraelio karalius. Jis nesivadovavo savo mintimis nuo vaikystės ir gyveno tik tikėjimu į Dievą. Jis nebijojo meškų ir liūtų, kai ganė avių kaimenę, ir kartais kaudavosi su lokiais bei liūtais ir tikėjimu įveikdavo juos, kad apgintų savo avis. Vėliau tik tikėjimu jis nugalėjo Galijotą, filistinų milžiną.

Dovydas nepakluso Dievo žodžiui vieną kartą po to, kai užėmė sostą. Pranašo už tai subartas Dovydas neištarė ne vieno pasiteisinimo žodžio, bet iš karto atgailavo ir galiausiai buvo dar labiau pašventintas. Didžiulis skirtumas buvo tarp Sauliaus, paskendusio kūno rūpesčiuose žmogaus, ir Dovydo, dvasinio žmogaus (Samuelio pirma knyga 12, 13).

Ganydamas avių kaimenes dykumoje 40 metų Mozė atsikratė visų gudravimų bei tuščių teorijų ir taip nusižemino prieš Dievą, kad buvo Jo pašauktas išvesti izraelitus iš Egipto vergijos.

Vadovaudamasis žmogiškomis mintimis, Abraomas vadino savo žmoną „seserimi," tačiau po išbandymų tapęs dvasiniu žmogumi, jis pakluso net tada, kai Dievas liepė jam paaukoti savo vienintelį sūnų Izaoką kaip deginamąją auką. Jeigu jis būtų nors truputį pasikliovęs kūniškomis mintimis, nebūtų galėjęs paklusti šiam įsakymui. Izaokas buvo jo vienintelis sūnus, turėjęs būti Dievo pažadėta sėkla, kurio jis susilaukė būdamas senas. Žmogiškai mąstant, baisu net pagalvoti ir tikrai neįmanoma sukapoti savo sūnų į gabalus kaip gyvulį ir sudeginti ant aukuro. Tačiau Abraomas nė kiek nepasipiktino, bet tikėjo, kad Dievas gali prikelti jį iš numirusių ir pakluso (Laiškas hebrajams 11, 19).

Naamanas, Aramo karaliaus kariuomenės vadas, buvo karaliaus labai gerbiamas ir mylimas, bet sirgo raupsais ir atėjo pas pranašą Eliziejų, kad būtų išgydytas. Nors Naamanas atgabeno daug dovanų, kad patirtų Dievo veikimą, Eliziejus jo neįsileido, bet pasiuntė savo tarną pasakyti: „Eik ir nusimaudyk Jordano upėje septynis kartus; tavo kūnas išgis, ir tu būsi švarus." (Karalių antra knyga 5, 10). Kūniškai galvojant, Naamanas turėjo įsižeisti dėl tokio nemandagaus elgesio ir įtūžti.

Tačiau jis atmetė savo kūniškas mintis ir savo tarnų patartas pakluso pranašo įsakymui. Jis pasinėrė Jordano upėje septynis kartus, ir jo kūnas pasveiko, tapo švarus.

Vanduo simbolizuoja Dievo žodį, o skaičius „septyni" – tobulumą, todėl panirimas Jordano upėje septynis kartus reiškia tobulą pašventinimą Dievo žodžiu. Kai jūs tampate pašventinti, sulaukiate bet kokios savo problemos sprendimo. Paklusęs pranašo Eliziejaus pasakytam Dievo žodžiui Naamanas patyrė nuostabų Dievo darbą (Karalių antra knyga 5, 1-14).

Tik atmetę kūniškas mintis ir tuščias teorijas galite paklusti

Jokūbas buvo klastingas ir visokiausiais gudravimais siekė savo valios. Tai atnešė jam 20 metų kančių ir sunkumų. Galiausiai jis pateko į keblią padėtį prie Jaboko upės. Jis negalėjo grįžti į savo dėdės namus, nes sudarė sandorą su juo, ir nedrįso eiti į priekį, nes jo vyresnysis brolis Ezavas laukė kitoje upės pusėje, norėdamas jį nužudyti. Šioje beviltiškoje padėtyje Jokūbo teisuoliškumas ir kūniškos mintys buvo sutriuškinti. Dievas palietė Ezavo širdį, sutaikė jį su broliu ir leido Jokūbui įvykdyti Dievo apvaizdos planą (Pradžios knyga 33, 1-4).

Dievas sako Laiške romiečiams 8, 5-7: „Kurie gyvena pagal kūną, tie rūpinasi kūno reikalais, o kurie gyvena pagal Dvasią Dvasios reikalais. Kūno rūpesčiai veda į mirtį, o Dvasios rūpesčiai į gyvenimą ir ramybę. Kūno rūpesčiai priešiški Dievui; jie nepaklūsta Dievo įstatymui ir net negali paklusti." Štai kodėl turime atmesti bet kokias nuomones, teorijas ir mintis, sukylančias prieš Dievo pažinimą. Turime paimti nelaisvėn kiekvieną mintį ir padaryti paklusnią Kristui, kad įgytume dvasinį tikėjimą ir parodytume paklusnumo darbus.

Jėzus davė naują įsakymą Evangelijoje pagal Matą 5, 39-42: „O aš jums sakau: nesipriešink piktam [žmogui], bet jei kas tave užgautų per dešinį skruostą, atsuk jam ir kitą. Jei kas nori su tavimi bylinėtis ir paimti tavo marškinius, atiduok jam ir apsiaustą. Jei kas verstų tave nueiti mylią, nueik su juo dvi. Prašančiam duok ir nuo norinčio iš tavęs pasiskolinti nenusigręžk." Žmogiškai mąstydami jūs negalite paklusti šiam įsakymui, nes jis prieštarauja tiesos žodžiui. Tačiau atmetę žmogiškas ir kūniškas mintis, jūs su džiaugsmu paklūstate, ir Dievas padaro, kad viskas išeitų į gera per jūsų paklusnumą.

Nesvarbu, kiek kartų lūpomis išpažinsite savo tikėjimą, jeigu neatsikratysite savanaudiškų minčių ir teorijų, jūs negalėsite paklusti ir patirti Dievo darbų, vedančių į klestėjimą ir sėkmę. Raginu jus visada atsiminti ir saugoti širdyje Dievo žodį, užrašytą Izaijo knygoje 5, 58-9: „Juk mano mintys ne jūsų mintys, o mano keliai ne jūsų keliai, tai VIEŠPATIES žodis. Kaip aukštas dangus viršum žemės, taip mano keliai viršija jūsų kelius ir mano mintys jūsų mintis."

Turite vengti visų kūniškų minčių bei žmogiškų teorijų ir įgyti dvasinį tikėjimą kaip šimtininkas, kurį Jėzus pagyrė už visišką pasikliovimą Dievu. Atėjęs pas Jėzų su prašymu išgydyti tarną, paralyžiuotą dėl insulto, šimtininkas tikėjimu išpažino, kad jo tarnas pasveiks, Jėzui tik tarus žodį. Jis gavo atsakymą pagal savo tikėjimą. Jeigu turite dvasinį tikėjimą, jūs lygiai taip pat gausite atsakymus į visas savo maldas bei prašymus ir visą garbę atnešite Dievui.

Dievo tiesos žodis atverčia žmogaus dvasią ir leidžia jam įgyti tikėjimą, lydimą darbų. Jūs gaunate Dievo atsakymus su šiuo gyvu dvasiniu tikėjimu. Raginu jus visus atmesti visas kūniškas mintis bei tuščias žmogiškas teorijas ir įgyti dvasinį tikėjimą, kuriuo gausite, ko tik prašote, ir atnešite garbę Dievui.

4 skyrius

Sėkite tikėjimo sėklą

Laiškas galatams 6, 6-10

„Kas mokomas žodžio, tegul dalijasi savo gėrybėmis su mokytoju. Neapsigaukite! Dievas nesiduoda išjuokiamas. Ką žmogus sėja, tai ir pjaus. Kas sėja savo kūnui, tas iš kūno pjaus pražūtį, o kas sėja Dvasiai, tas iš Dvasios pjaus amžinąjį gyvenimą. Nepailskime daryti gera; jei neaptingsime, atėjus metui pjausime derlių! Tad, kol turime laiko, darykime gera visiems, o ypač tikėjimo namiškiams."

Viešpats Jėzus pažadėjo Evangelijoje pagal Morkų 9, 23: „Jei ką gali'?! Tikinčiam viskas galima!" Todėl, kai šimtininkas atėjo pas Jį ir parodė tokį didelį tikėjimą, Jėzus tarė: „Eik, tebūnie tau, kaip įtikėjai!" (Evangelija pagal Matą 8, 13), ir šimtininko tarnas tą pačią akimirką pasveiko.

Dvasinis tikėjimas suteikia mums tvirtą įsitikinimą tuo, kas neregima, ir taip pat jį lydi darbai, atskleidžiantys mūsų tikėjimą. Tai tikėjimas, kuris įtikina, kad bet kas gali būti padaryta iš nieko. Tikėjimo apibrėžimas pateiktas Laiške hebrajams 11, 1-3: „Tikėjimas laiduoja mums tai, ko viliamės, įrodo tikrovę, kurios nematome. Per jį protėviai gavo gerą liudijimą. Tikėjimu suvokiame, kad pasauliai buvo sutverti Dievo žodžiu, būtent iš neregimybės atsirado regima."

Jeigu turite dvasinį tikėjimą, Dievas džiaugiasi juo ir leidžia jums gauti, ko tik prašote. Ką mums daryti, kad įgytume dvasinį tikėjimą?

Kaip ūkininkas sėja įvairias sėklas pavasarį ir pjauna jų vaisius rudenį, taip mes turime sėti tikėjimo sėklą, kad vėliau sulauktume dvasinio tikėjimo vaisiaus.

Dabar pažvelkime, kaip sėti tikėjimo sėklą, per palyginimus

apie sėjimą ir pjūtį žemdirbystėje. Mūsų Viešpats Jėzus kalbėjo minioms palyginimais, ir be palyginimų Jis žmonėms nekalbėjo (Evangelija pagal Matą 13, 34). Dievas yra dvasia, ir todėl mes, žmonės, gyvenantys fiziniame pasaulyje, negalime suprasti dvasinės Dievo karalystės. Tik tuomet, kai mus moko apie dvasinę karalystę palyginimais iš šio fizinio pasaulio, mes pajėgiame suprasti tikrąją Dievo valią. Todėl dabar paaiškinsiu jums, kaip sėti tikėjimo sėklą ir įgyti dvasinį tikėjimą, palyginimais iš žemdirbystės.

Dvasinio tikėjimo sėja

1) Pirma, turite įdirbti lauką.

Visų pirma, ūkininkui reikia žemės lauko sėjai. Ruošdamas lauką sėjai, ūkininkas turi įterpti tinkamų trąšų, apversti velėną, išrinkti akmenis bei įdirbti žemę: suarti ir suakėti žemę. Tik paskui pasėtos sėklos gerai augs ir atneš daug gerų vaisių.

Biblijoje Jėzus papasakojo mums apie keturių rūšių žemę. Žemė reiškia žmonių širdį. Pirmoji žemė yra prie kelio, joje pasėtos sėklos nesudygsta, nes ji per kieta; antroji žemė yra uolėta, joje sėklos tarp akmenų sunkiai dygsta ir auga; trečioji yra erškėčiais apaugusi, joje sėklos sudygsta, bet blogai auga ir neatneša vaisių, nes erškėčiai nustelbia jas; ketvirtoji – gera žemė, kurioje sėklos gerai dygsta, auga, žydi ir atneša daug gerų vaisių.

Taip pat ir žmonių širdies žemė būna keturių rūšių; turintieji pirmąją širdies žemę prie kelio nesupranta Dievo žodžio; turintys antrąją, uolėtą širdies žemę, priima Dievo žodį, bet atpuola išbandymų ir persekiojimų metu; trečiosios, erškėčiuotos širdies žemės žmonės, leidžia pasaulio rūpesčiams bei turtų apgaulei nustelbti žodį ir neatneša vaisių; ketvirtieji, turintys gera širdies žemę supranta Dievo žodį ir atneša gerų vaisių. Tačiau nesvarbu, kokią širdies žemę turite, jeigu įdirbsite ir apvalysite savo širdies lauką, triūsdami liedami prakaitą kaip geras ūkininkas, jūsų širdies žemė taps gera. Jeigu ji kieta, turite ją gerai suarti ir suakėti; jeigu uolėta, turite išrinkti akmenis; jeigu apaugusi erškėčiais, turite išrauti juos ir paskui įterpti reikalingų trąšų.

Tingus ūkininkas nepakankamai įdirba savo lauką, o uolus daug triūsia ir padaro viską, kad gerai įdirbtų savo žemę, todėl užaugina daugiau ir geresnių vaisių.

Jeigu turite tikėjimą, jūs iš visų jėgų stengsitės pakeisti savo širdį, padaryti ją gerą triūsu ir prakaitu. Norėdami suprasti

Dievo žodį, išsiugdyti gerą širdį ir atnešti daug vaisių, jūs turite iki kraujo grumtis su savo nuodėmėmis ir atsikratyti jų. Uoliai kovodami su savo nuodėmėmis ir nedorybėmis pagal Dievo žodį, nes Jis įsakė mums atsikratyti bet kokio pikto, jūs išrinksite visus akmenis iš savo širdies lauko, išravėsite jį ir paversite gera žeme.

Ūkininkas uoliai triūsia ir dirbdamas negaili prakaito, nes tiki, kad nupjaus gausų derlių, jeigu ars, akės ir dirbs žemę, kol padarys derlingą. Taip pat ir jūs tikėkite, kad uoliai dirbdami ir gerindami savo širdies žemę gyvensite Dievo meilėje, būsite vedami į sėkmę bei klestėjimą ir geresnę vietą danguje. Todėl iki kraujo grumkitės su savo nuodėmėmis ir atmeskite visas nedorybes. Tuomet jūsų širdies žemėje pasėtas dvasinis tikėjimas užaugs ir subręs – jūs atnešite gausių vaisių mūsų Viešpaties Dievo garbei ir šlovei.

2) Antra, sėkite sėklas.

Išvalę lauką turite pasėti sėklas ir padėti joms sudygti. Ūkininkas sėja įvairių rūšių sėklas ir nuima gausų kopūstų, salotų, moliūgų, pupelių ir kitų augalų derlių.

Taip pat ir mes turime sėti įvairių rūšių sėklas į savo širdies dirvą. Dievo žodis sako mums visuomet džiaugtis, be paliovos melstis, už viską dėkoti, atnešti visas dešimtines, švęsti Viešpaties dieną ir mylėti. Pasėjus šiuos Dievo žodžius širdyje, jie sudygs, sukraus pumpurus ir užaugins dvasinių vaisių. Jūs gyvensite pagal Dievo žodį ir įgysite dvasinį tikėjimą.

3) Trečia, reikia vandens ir saulės.

Norint sulaukti gausaus derliaus ūkininkui nepakanka įdirbti lauką ir paruošti sėklas. Vanduo ir saulės šviesa taip pat yra būtini. Tik tuomet sėklos išdygs ir gerai augs.

Ką simbolizuoja vanduo?

Evangelijoje pagal Joną 4, 14 Jėzus sako: „O kas gers vandenį, kurį aš duosiu, tas nebetrokš per amžius, ir vanduo, kurį jam duosiu, taps jame versme vandens, trykštančio į amžinąjį gyvenimą." Dvasine prasme vanduo reiškia „versmę vandens, trykštančio į amžinąjį gyvenimą," o amžinasis vanduo simbolizuoja Dievo žodį, kaip sako Evangelija pagal Joną 6, 63: „Žodžiai, kuriuos jums kalbėjau, yra dvasia ir gyvenimas."

Štai kodėl Evangelijoje pagal Joną 6, 53-55 Jėzus pareiškė: „Iš tiesų, iš tiesų sakau jums: jei nevalgysite Žmogaus Sūnaus kūno ir negersite jo kraujo, neturėsite savyje gyvybės! Kas valgo mano kūną ir geria mano kraują, tas turi amžinąjį gyvenimą, ir aš jį prikelsiu paskutiniąją dieną. Mano kūnas tikrai yra valgis, ir mano kraujas tikrai yra gėrimas." Tik uoliai skaitydami, klausydami ir apmąstydami Dievo žodį ir karštai melsdamiesi pagal jį, jūs eisite amžinojo gyvenimo keliu ir įgysite dvasinį tikėjimą.

Ką simbolizuoja saulės šviesa?
Saulės šviesa padeda sėkloms gerai sudygti ir augti. lygiai taip pat, kai Dievo žodis, kuris yra šviesa, prasiskverbia į jūsų širdį, dieviškoji šviesa išvaro tamsą iš jūsų širdies. Dievo žodžio šviesa nuskaistina jūsų širdį ir padaro širdies dirvą derlingą. Todėl jūs įgyjate tiek dvasinio tikėjimo, kiek tiesos šviesos įsileidžiate į savo širdį.

Palyginimas apie ūkininkavimą atskleidžia, kad turime įdirbti širdies dirvą, paruošti gerų sėklų ir pasirūpinti vandeniu bei saulės šviesa, pasėję tikėjimo sėklas. Dabar pažiūrėkime, kaip reikia sėti ir auginti sėklas.

Kaip sėti ir auginti tikėjimo sėklas

1) Pirma, turite sėti tikėjimo sėklas pagal Dievo žodį.

Ūkininkas sėja sėklas skirtingai, priklausomai nuo jų rūšies. Vienas sėklas reikia sėti giliai, kitas – dirvos paviršiuje. Taip pat ir jūs turite skirtingai sėti tikėjimo sėklas pagal Dievo žodį. Pavyzdžiui, kai sėjate maldas, turite nuolat nuoširdžiai šauktis Dievo, parpuolę ant kelių, kaip moko Dievo žodis. Tik tuomet sulauksite Dievo atsakymų (Evangelija pagal Luką 22, 39-46).

2) Antra, turite sėti su tikėjimu.

Kaip žemdirbys uoliai triūsia, sėdamas sėklas, su tikėjimu ir derliaus viltimi, taip ir jūs turite sėti tikėjimo sėklas – Dievo žodį – su džiaugsmu ir viltimi, kad Dievas leis gausiai pjauti. Dievo žodis tai pat drąsina mus Antrame laiške korintiečiams 9, 6-7: „Argi ne taip: kas šykščiai sėja, šykščiai ir pjaus, o kas dosniai sėja, dosniai ir pjaus. Kiekvienas tegul aukoja, kaip yra širdyje nutaręs, ne gailėdamas ar tarsi verčiamas, nes Dievas myli linksmą davėją."

Šiame pasaulyje ir dvasinėje karalystėje veikia tas pats dėsnis: ką pasėsi, tą ir pjausi. Kuo labiau išauga jūsų tikėjimas, tuo geresnė tampa jūsų širdies dirva. Kai daugiau sėjate, daugiau nupjaunate. Todėl visas sėklas, kurias tik sėjate, sėkite su tikėjimu, dėkojimu ir džiaugsmu, kad nuimtumėte gausų derlių.

3) Trečia, turite gerai prižiūrėti sugydusias sėklas.

Įdirbęs žemę ir pasėjęs sėklas ūkininkas turi laistyti augalus, saugoti nuo kirminų ir vabzdžių insekticidais, tręšti dirvą ir ravėti piktžoles. Kitaip augalai nuvys ir neaugs. Pasėtas Dievo žodis taip pat turi būti prižiūrimas, kad neprisiartintų priešas velnias ir šėtonas. Turime karštai melstis, laikytis tiesos žodžio su džiaugsmu ir dėkojimu, lankyti bažnyčios susirinkimus, draugauti su tikinčiaisiais, skaityti ir girdėti Dievo žodį bei tarnauti. Tuomet pasėtos sėklos sudygs, pražys ir atneš vaisių.

Sužydėjimo ir vaisių subrandinimo procesas

Jeigu ūkininkas neprižiūri pasėtų sėklų, kirminai suėda jas, laukas apauga piktžolėmis, kurios nustelbia sėklų daigus ir neleidžia atnešti vaisių. Ūkininkas turi nepailsdamas dirbti ir kantriai prižiūrėti augalus, kad nuimtų gausų gerų vaisių derlių. Laikui atėjus, sėklos užauga, sužydi ir bičių bei drugelių padedamos brandina vaisius. Kai vaisiai subręsta, ūkininkas pagaliau su džiaugsmu pjauna gerus vaisius. Koks džiaugsmas jį apima, kai visas jo įdėtas sunkus triūsas ir kantrybė atneša puikių vaisių derlių: šimtą, šešiasdešimt arba trisdešimt kartų daugiau negu pasėjo!

1) Pirma, sužydi dvasiniai žiedai.

Ką reiškia teiginys „Tikėjimo sėklos užauga ir sukrauna dvasinius žiedus"? Pražydę žiedai skleidžia kvapą, viliojantį bites ir drugelius. Taip pat ir mes, pasėję Dievo žodžio sėklas savo širdies dirvoje ir rūpindamiesi jomis, gyvendami pagal Dievo žodį, pražystame dvasiniais žiedais ir skleidžiame Kristaus kvapą. Be to, mes atliekame pasaulio šviesos ir druskos vaidmenį, kad žmonės, matydami mūsų gerus darbus, garbintų mūsų dangiškąjį Tėvą (Evangelija pagal Matą 5, 16).

Kai skleisite Kristaus kvapą, priešas velnias bėgs nuo jūsų, ir jūs garbinsite Dievą savo namuose, verslo reikaluose ir darbo vietose. Ar valgysite, ar gersite, ar šiaip ką darysite, visa darysite Dievo garbei. Jūs atnešite evangelizacijos vaisių, sieksite Dievo karalystės ir teisumo ir tapsite dvasiniais žmonėmis, gerai įdirbę savo širdies dirvą.

2) Antra, užsimezga ir bręsta vaisiai.

Žydėjimui pasibaigus, užsimezga ir subręsta vaisiai, paskui ūkininkas nuima derlių. O kokius dvasinius vaisius mes subrandiname? Devynis Šventosios Dvasios vaisius, išvardintus

Laiške galatams 5, 22-23: Kalno pamokslo palaiminimų vaisius iš penkto Evangelijos pagal Matą skyriaus, ir dvasinės meilės vaisius, minimus 13-ame Pirmo laiško korintiečiams skyriuje.

Skaitydami Bibliją ir klausydami Dievo žodžio galime ištirti, ar sukrovėme dvasinius žiedus, ar užauginome vaisių, ir kokio brandumo mūsų vaisiai. Kai vaisiai prinokę, galime bet kada nuimti jų derlių ir naudoti pagal poreikius. Psalmyne 37, 4 parašyta: „Džiaukis iš širdies VIEŠPAČIU, ir jis suteiks tau, ko trokšta tavo širdis." Tai tas pats, kas turėti milijardus dolerių banko sąskaitoje ir galėti leisti juos, kaip tik širdis geidžia.

3) Trečia, jūs pjausite, ką pasėjote.

Pjūties metui atėjus, ūkininkas pjauna, ką pasėjo, ir tai kartojasi kasmet. Derliaus gausa priklauso nuo to, kiek jis pasėjo ir kaip uoliai ir rūpestingai prižiūrėjo daigus.

Jeigu sėjote maldas, jūsų dvasia klestės, o jeigu ištikimą tarnystę, džiaugsitės gera dvasios ir kūno sveikata. Jeigu uoliai sėjote finansų srityje, sulauksite finansinių palaiminimų ir galėsite padėti stokojantiems, kiek tik norėsite. Apaštalas Paulius perspėja mus Laiške galatams 6, 7: „Neapsigaukite! Dievas nesiduoda išjuokiamas. Ką žmogus sėja, tai ir pjaus."

Daug Biblijos vietų patvirtina Dievo žodžius, kad pjausime, ką pasėsime. Septynioliktas Pirmos karalių knygos skyrius pasakoja apie našlę, gyvenusią Sarepte. Tame krašte ilgai nelijo, upelis išdžiūvo, ir ši našlė su sūnumi atsidūrė ant bado slenksčio. Tačiau ji pasėjo saują miltų iš dubens ir šlakelį aliejaus iš ąsočio, atiduodama juos Elijui, Dievo žmogui. Tuo metu, kai maistas buvo brangesnis už auksą, ji nebūtų galėjusi taip pasielgti be tikėjimo. Ji tikėjo ir pasikliovė Dievo žodžiu, skelbiamu pranašo Elijo, ir pasėjo paskutinius maisto trupinius su tikėjimu. Dievas suteikė jai nuostabų palaiminimą, atsilygindamas už jos tikėjimą, ir jai su sūnumi ir Eliju nestigo maisto per visą ilgą bado laikotarpį (Karalių pirma knyga 17, 8-16).

Evangelija pagal Morkų 12, 41-44 pasakoja apie beturtę našlę, kuri įmetė į aukų skrynią du pinigėlius, tai yra skatiką. Koks didis palaiminimas jai atiteko, kai Jėzus pagyrė jos poelgį!

Dievas nustatė dvasinės karalystės įstatymą ir sako mums, kad pjausime, ką pasėsime. Tačiau raginu jus nepamiršti, kad bandysite išjuokti Dievą, jeigu norėsite pjauti nieko nepasėję. Turite tikėti, kad Dievas leis jums nupjauti šimtą, šešiasdešimt arba trisdešimt kartų daugiau negu pasėsite.

Pasitelkę palyginimą apie žemdirbystę išsiaiškinimo, kaip sėti ir auginti tikėjimo sėklas, kad įgytume dvasinį tikėjimą. Trokštu, kad įdirbtumėte savo širdies dirvą ir paverstumėte ją gera žeme. Sėkite tikėjimo sėklas ir prižiūrėkite jas. Turite sėti, kiek galite daugiau, ir auginti daigus su tikėjimu, viltimi ir kantrybe, kad sulauktumėte šimteriopo, šešiasdešimteriopo ar trisdešimteriopo palaiminimo. Laikus atėjus, pjausite vaisius ir atnešite didžią garbę Dievui.

Tikėkite kiekvienu Biblijos žodžiu ir sėkite tikėjimo sėklas, vadovaudamiesi Dievo žodžiu, kad neštumėte gausių vaisių, garbintumėte Dievą ir džiaugtumėtės visais Jo palaiminimais!

5 skyrius

„'Jei ką gali'?! Tikinčiam viskas galima!"

Evangelija pagal Morkų 9, 21-27

Jėzus paklausė tėvą: „Ar nuo seniai jam taip darosi?" Jis atsakė: „Nuo pat kūdikystės. Dvasia jį dažnai į ugnį įstumdavo ir į vandenį, norėdama pražudyti. Tad jei ką gali, pasigailėk mūsų ir padėk mums!" Jėzus jam atsakė: „'Jei ką gali'?! Tikinčiam viskas galima!" Vaiko tėvas sušuko: „Tikiu! Padėk mano netikėjimui!" Matydamas susibėgančią minią, Jėzus sudraudė netyrąją dvasią: „Nebyle ir kurčia dvasia, įsakau tau, išeik iš jo ir daugiau nebegrįžk!" Dvasia, klykdama ir smarkiai jį purtydama, išėjo. O berniukas liko tarsi lavonas, ir daugelis sakė: „Jis mirė". Bet Jėzus paėmė jį už rankos, pakėlė, ir jis atsistojo.

Žmonės kaupia gyvenimo patirtį, susidurdami su įvairiausiais išgyvenimais, įskaitant džiaugsmą, liūdesį ir skausmą. Daug žmonių patenka į bėdas, iš kurių negali išvaduoti ašaros, kantrybė ir kitų pagalba.

Tai nepagydomos ligos, kurių neįveikia jokios moderniausios medicinos priemonės; psichikos problemos nuo gyvenimo įtampos, kurių neišsprendžia jokia filosofija ar psichologija; šeimos ir vaikų problemos, iš kurių neišvaduoja jokie turtai; neįveikiamos verslo ir finansų krizės. Sąrašą galima tęsti be galo. Kas gali išspręsti šias visas problemas?

Evangelijoje pagal Morkų 9, 21-27 Jėzus kalbasi su piktųjų dvasių apsėsto berniuko tėvu. Kurčnebylys vaikas labai kentėjo nuo epilepsijos priepuolių. Jis dažnai įkrisdavo į vandenį ir į ugnį. Kur tik sugriebę, demonai jį tąsydavo, iš burnos jam eidavo putos, jis grieždavo dantimis ir pastirdavo.

Pažvelkime, kaip Jėzus išsprendė berniuko tėvo problemą.

Jėzus subarė berniuko tėvą dėl netikėjimo

Vaikas buvo kurčias ir nebylys nuo gimimo, jis nieko

negirdėjo, ir jam buvo labai sunku pasiekti, kad kiti jį suprastų. Jį dažnai ištikdavo epilepsijos priepuoliai ir kamavo smarkūs traukuliai. Todėl jo tėvas gyveno kančiose ir susirūpinime, neturėdamas jokios vilties.

Paskui berniuko tėvas išgirdo naujieną apie Jėzų, kuris prikėlė numirusius, gydė ligonius nuo bet kokių ligų, atvėrė akis akliesiems ir darė visokius stebuklus. Ši naujiena pasėjo viltį tėvo širdyje. Jis galvojo: „Jeigu jis iš tiesų turi tokią galią, kaip žmonės kalba, jis gali išgydyti visas mano sūnaus ligas. Jis tikėjosi, kad jo sūnus turi šansą pasveikti. Turėdamas šią viltį, jis atvedė savo vaiką pas Jėzų ir paprašė: „Jei ką gali, pasigailėk mūsų ir padėk mums!"

Jėzus išklausė jį ir subarė dėl netikėjimo: „'Jei ką gali'?! Tikinčiam viskas galima!" Berniuko tėvas buvo girdėjęs apie Jėzų, bet netikėjo į Jį iš širdies.

Jeigu jis būtų tikėjęs, kad Jėzus yra Dievo Sūnus, Visagalis, kuriam nieko nėra neįmanomo, ir pati Tiesa, niekada nebūtų pasakęs: „Jei ką gali, pasigailėk mūsų ir padėk mums!"

Be tikėjimo neįmanoma patikti Dievui, o be dvasinio tikėjimo neįmanoma gauti Jo atsakymų. Norėdamas, kad berniuko tėvas suprastų šį faktą, Jėzus paklausė: „Jei ką gali?" ir subarė jį už tai, kad jis ne visiškai tikėjo.

Kaip įgyti tobulą tikėjimą

Kai jūs tikite tuo, ko neregite, jūsų tikėjimas priimtinas Dievui ir vadinamas „dvasiniu tikėjimu", „tikru tikėjimu", „gyvu tikėjimu" arba „tikėjimu, kurį lydi darbai." Šiuo tikėjimu jūs tikite, kad Dievas gali padaryti bet ką iš nieko, nes tikėjimas laiduoja mums tai, ko viliamės, įrodo tikrovę, kurios nematome (Laiškas hebrajams 11, 1-3).

Jūs turite visa širdimi tikėti kryžiaus keliu, prisikėlimu, Viešpaties sugrįžimu ir stebuklais, o taip pat, kad Dievas sukūrė regimąją ir neregimąją visatą. Tik tuomet turėsite tobulą tikėjimą. Tikras tikėjimas turi būti išpažintas lūpomis.

Tobulo tikėjimo įgijimui reikia įvykdyti tris sąlygas.

Pirma, nuodėmių siena, skirianti jus nuo Dievo, turi būti sugriauta. Jeigu turite nuodėmių sieną, sugriaukite ją atgailaudami. Be to, jūs turite iki kraujo grumtis su nuodėme ir vengti bet kokio pikto, kad nepadarytumėte jokios nuodėmės.

Kai taip neapkenčiate nuodėmių, kad jums baisu net pagalvoti apie jas, o matydami nuodėmes liūdite ir susirūpinate, kaip jūs galėtumėte nusidėti? Užuot gyvenę nuodėmėje, jūs bendraujate su Dievu ir įgyjate tobulą tikėjimą.

Antra, jūs turite paklusti Dievo valiai. Norėdami vykdyti Dievo valią, visų pirma turite aiškiai ją suprasti. Paskui turite atsisakyti bet kokių savo troškimų, jeigu šie neatitinka Dievo valios. Kita vertus, jeigu jūs nenorite ko nors daryti, bet Dievas to nori, turite Jam paklusti. kai vykdysite Jo valią visa savo širdimi, jėgomis ir išmintimi, Jis duos jums tobulą tikėjimą.

Trečia, jūs turite patikti Dievui, mylėdami Jį. Jeigu valgote, geriate ir viską darote Dievo garbei bei patinkate Jam savo pasiaukojimu, jūs tikrai turėsite tobulą tikėjimą. Šis tikėjimas padaro galima tai, kas neįmanoma. Turėdami tobulą tikėjimą, jūs tikite ne tik tuo, ką regite ir galite padaryti savo jėgomis, bet ir tuo, kas neregima ir neįmanoma žmogaus jėgoms. Kai išpažinsite tobulą tikėjimą, galėsite padaryti viską, kas žmogui neįmanoma.

Dievo žodis: „Jei ką gali'?! Tikinčiam viskas galima!" veiks jūsų gyvenime, ir jūs garbinsite Jį visais savo darbais.

Tikinčiam nieko nėra neįmanomo

Kai gaunate tobulą tikėjimą, nieko nėra neįmanomo, jūs galite būti išvaduoti iš bet kokių problemų. Kokiose srityse jūs galite tikėtis patirti galią iš Dievo, kuris neįmanoma padaro galima? Pažvelkime į tris pagrindines sritis.

Pirmoji – ligų sritis.

Tarkime, jūs sergate bakterine ar virusine infekcija. Jeigu parodote tikėjimą ir esate Šventosios Dvasios pripildyti, Jos ugnis sudegins šias ligas, ir jūs pasveiksite. Jeigu atgailaujate už savo nuodėmes ir paliekate jas, jūs galite būti išgydyti per maldas. Jeigu esate naujatikiai, turite atverti savo širdį ir klausyti Dievo žodžio, kol pajėgsite parodyti savo tikėjimą.

Jeigu sergate sunkia liga, kurios medicina negali išgydyti, turite parodyti didelio tikėjimo įrodymą. Tik nuoširdžiai atgailaudami už savo nuodėmes, persiplėšę savo širdį ir įsikibę į Dievą maldomis su ašaromis jūs galite būti išgydyti. Tačiau turintys silpną tikėjimą ar tik pradėję lankyti bažnyčią, negali būti išgydyti, kol negauna dvasinio tikėjimo, ir kai jiems palaipsniui suteikiamas šis tikėjimas, jie po truputį sveiksta.

Galiausiai fiziniai išsigimimai, anomalijos, luošumas, kurtumas, proto ir fizinės negalios bei paveldimos ligos negali būti išgydyti be Dievo galybės. Kenčiantieji šias negalias turi parodyti nuoširdumą Dievui, turi įrodyti savo tikėjimo įrodymą, mylėti Dievą ir patikti Jam, kad būtų Dievo pripažinti, ir gydanti Dievo galia nužengtų ant jų.

Šie išgydymo darbai vyksta tik žmonėms parodžius tikėjimo darbus, kaip aklas elgeta Bartimiejus, garsiai šaukęsis Jėzaus (Evangelija pagal Morkų 10, 46-52), šimtininkas, parodęs didelį tikėjimą (Evangelija pagal Matą 8, 6-13), ir paralitikas su savo keturiais draugais, kurie pateikė savo tikėjimo įrodymą Jėzui (Evangelija pagal Morkų 2, 3-12).

Antroji – finansų sritis.

Jeigu jūs stengiatės išspręsti finansinę problemą savo žiniomis, būdais ir patirtimi be Dievo pagalbos, problema gali būti išspręsta tik pagal jūsų gebėjimus ir pastangas. Tačiau, jeigu jūs atmesite savo nuodėmes, vykdysite Dievo valią ir atiduosite savo problemą Dievui tikėdami, kad Jis ves jus savo keliu, tuomet jūsų siela klestės, viskas jums seksis, ir džiaugsitės gera sveikata. Be to, jūs būsite Šventosios Dvasios vedami ir sulauksite gausių Dievo palaiminimų.

Jokūbas vadovavosi savo gyvenime žmogaus protu ir išmintimi, kol susigrūmė su Dievo angelu prie Jaboko upės. Angelas išnarino jam šlaunį. Šiose grumtynėse su Dievo angelu Jokūbas pasidavė Dievui ir viską patikėjo Jam. Nuo tada jis buvo palaimintas, ir Dievas buvo su juo. Taip pat ir jums viskas seksis, jeigu mylėsite Dievą, patiksite Jam ir atiduosite viską į Jo rankas.

Trečioji – dvasinės galios sritis.

Pirmame laiške korintiečiams 4, 20 parašyta, kad Dievo karalystė yra ne kalboje, bet galybėje. Galia didėja, mums įgyjant tobulą tikėjimą. Dievo galybė nužengia ant mūsų skirtingai, pagal maldų, tikėjimo ir meilės saiką. Stebuklingus Dievo darbus kuris yra aukštesnio laipsnio negu išgydymo dovana, gali padaryti tik gavusieji Dievo galybės per maldas ir pasninką.

Jeigu turite tobulą tikėjimą, jums nieko nėra neįmanomo, ir jūs drąsiai išpažįstate: „Jei ką gali'?! Tikinčiam viskas galima!"

„Tikiu! Padėk mano netikėjimui!"

Dabar apžvelkime procesą, būtiną bet kokios problemos sprendimui.

Pirma, turite lūpomis išpažinti savo tikėjimą.

Vienas tėvas ilgą laiką kentėjo, nes jo sūnus buvo piktųjų dvasių apsėstas. Išgirdęs apie Jėzų, berniuko tėvas svajojo apie susitikimą su Juo. Vėliau jis atvedė savo sūnų pas Jėzų, tikėdamasis, kad gal jis bus išgydytas. Nors ir nebuvo tuo įsitikinęs, jis paprašė Jėzaus išgydyti jo sūnų. Jėzus subarė šį vyrą už žodžius: „Jei ką gali?!" Bet paskui padrąsino, tardamas: „Tikinčiam viskas galima." Išgirdęs šį padrąsinimą tėvas sušuko: „Tikiu! Padėk mano netikėjimui!" Jis išpažino savo tikėjimą Jėzaus akivaizdoje.

Jis buvo tik girdėjęs, kad Jėzus viską gali, suprato tai protu ir išpažino lūpomis, bet neišpažino tikėjimo, kylančio iš širdies. Nors jis tikėjo tik protu, jo išpažintas tikėjimas tapo dvasinio tikėjimo maldavimu ir atvedė į Dievo atsakymą.

Antra, turite įgyti dvasinį tikėjimą, tikėjimą iš širdies.

Demonų apsėsto vaiko tėvas, karštai trokšdamas įgyti dvasinį

"Jei ką gali"?! Tikinčiam viskas galima!· 67

tikėjimą, sušuko Jėzui Evangelijoje pagal Morkų 9, 23: „Tikiu! Padėk mano netikėjimui!" Išgirdęs berniuko tėvo prašymą Jėzus, matydamas jo nuoširdumą, tikrumą, karštą prašymą ir tikėjimą, suteikė jam dvasinį tikėjimą, leidžiantį tikėti širdimi. Vaiko tėvas įgijo dvasinį tikėjimą, todėl Dievas galėjo veikti jo gyvenime, ir jis gavo atsakymą iš Dievo.

Kai Jėzus Evangelijoje pagal Morkų 9, 25 įsakė: „Nebyle ir kurčia dvasia, įsakau tau, išeik iš jo ir daugiau nebegrįžk," piktoji dvasia išėjo.

Žodžiu, berniuko tėvas negalėjo gauti Dievo atsakymo kūnišku tikėjimu, kuris buvo tik žinios, bet jam įgijus dvasinį tikėjimą, Dievas iš karto atsiliepė į jo prašymą.

Trečia, šaukitės Dievo maldoje, kol gausite atsakymus.

Jeremijo knygoje 33, 3 Dievas pažadėjo: „Šaukis manęs, ir aš atsiliepsiu! Pasakysiu tau nuostabių dalykų, paslapčių, kurių nežinojai." Ezechielio knygoje 36, 36 Jis sako: „Leisiu Izraelio namams dar ir to iš manęs prašyti." Jėzus, pranašai Senajame Testamente ir Jėzaus mokiniai Naujajame Testamente šaukėsi Dievo ir meldėsi, kad gautų Jo atsakymus.

Taip pat ir jūs tik šaukdamiesi Dievo maldoje gausite tikėjimą, leidžiantį tikėti iš širdies, ir tik per šį dvasinį tikėjimą gausite atsakymus į maldas ir problemų sprendimus. Turite šauktis Dievo maldoje, kol gausite atsakymus, ir tuomet jums nieko nebus neįmanomo. Demonų apsėsto vaiko tėvas gavo Dievo atsakymą, nes šaukėsi Jėzaus.

Demonų apsėsto berniuko tėvo istorija pateikia svarbią pamoką apie Dievo įstatymą. Jeigu jūs norite patirti Dievo žodį: „Jei ką gali'? Tikinčiam viskas galima," turite paversti savo kūnišką tikėjimą į dvasinį, kad įgytumėte tobulą tikėjimą, atsistotumėte ant uolos ir nedvejodami paklustumėte Dievui.

Apibendrinant šį procesą, pirmiausia išpažinkite savo tikėjimą, turėdami tik kūnišką tikėjimą protu. Paskui šaukitės Dievo maldomis, kol gausite atsakymus. Ir galiausiai gausite dvasinį tikėjimą iš aukštybių, leidžiantį tikėti iš širdies.

Norėdami įvykdyti tris sąlygas Dievo atsakymams gauti, sugriaukite nuodėmių sieną, skiriančią jus nuo Dievo. Po to parodykite nuoširdžius tikėjimo darbus ir leiskite savo sielai klestėti. Kai įvykdysite šias tris sąlygas, jums bus suteiktas dvasinis tikėjimas iš aukštybių, ir nieko nebus neįmanomo.

Jeigu patys bandysite išspręsti problemas, užuot atidavę jas visagaliui Dievui, jūs turėsite vargų ir sunkumų. Tačiau, jeigu atmesite žmogiškas mintis, kurios verčia manyti, kad padėtis beviltiška, ir paliksite viską Dievui, Jis viską padarys už jus. Kas tuomet galėtų būti neįmanoma?

Kūno rūpesčiai priešiški Dievui (Laiškas romiečiams 8, 7). Jie trukdo tikėti ir verčia jus nuvilti Dievą negatyviomis kalbomis. Jie padeda šėtonui kaltinti jus ir užtraukia jums išbandymus, sunkumus ir vargus. Todėl turite sunaikinti savo kūniškas mintis. Nesvarbu, su kokiomis problemomis susiduriate – sielos, verslo, darbo, ligų ar šeimos – atiduokite jas į Dievo rankas. Turite pasikliauti visagaliu Dievu, tikėti, kad jis padarys galima, kas neįmanoma, ir tikėjimu sunaikinti visas kūniškas mintis.

Kai jūs išpažinsite savo tikėjimą, sakydami: „Aš tikiu," ir iš širdies melsitės Dievui, Jis suteiks jums širdies tikėjimą, su kuriuo jūs gausite atsakymus į bet kokius prašymus ir atnešite Jam garbę. Koks palaimintas bus jūsų gyvenimas!

Gyvenkite tik tikėjimu, siekdami Dievo karalystės ir Jo teisumo, kad įvykdytumėte didįjį įgaliojimą skelbti evangeliją pasauliui ir jums skirtą Dievo valią, padarydami galima tai, kas neįmanoma, būdami kryžiaus kariai ir skleisdami Kristaus šviesą, meldžiu Jėzaus Kristaus vardu!

6 skyrius

Danielius pasitikėjo tik Dievu

Danieliaus knyga 6, 22-24

Danielius atsiliepė: „O karaliau, gyvuok amžinai! Mano Dievas atsiuntė savo angelą, ir šis užčiaupė liūtų nasrus, kad jie man nepakenktų, nes aš buvau jo akivaizdoje rastas nekaltas. Netgi tau, o karaliau, aš nenusikaltau." Karalius tuo nepaprastai džiaugėsi ir įsakė, kad Danielius būtų iškeltas iš duobės. Danielius buvo iškeltas iš duobės, gyvas ir sveikas, nes jis pasitikėjo savo Dievu.

Vaikystėje Danielius pateko į Babilono vergiją, bet vėliau pelnė valdovo palankumą ir tapo antru žmogumi po karaliaus. Danielius labai mylėjo Dievą, kuris apdovanojo jį giliu visų sričių pažinimu, protu ir išmintimi. Danielius suprato net regėjimų ir sapnų reikšmę. Jis buvo politikas ir pranašas, parodęs Dievo galybę. Danielius per visą savo gyvenimą nė karto nenusilenkė pasauliui, tarnaudamas Dievui. Jis įveikė visus sunkumus ir išmėginimus su kankinio tikėjimu ir garbino Dievą tikėjimo pergalėmis. Ką daryti, kad įgytume tokį tikėjimą, kokį turėjo Danielius?

Pasigilinkime, kodėl Danielius, antras žmogus po karaliaus Babilone, buvo įmestas į liūtų duobę ir liko gyvas ir sveikas, be menkiausio įdrėskimo.

Danielius, tikėjimo vyras

Karaliui Rehabeamui valdant, Izraelio karalystė skilo į dvi – Judo karalystę pietuose ir Izraelio karalystę šiaurėje dėl karaliaus Saliamono nuopuolio (Karalių pirma knyga 11, 26- 36). Paklusnūs Dievo įsakymams karaliai ir tautos klestėjo, bet laužantieji Dievo įstatymą buvo sunaikinami.

722 metais prieš Kristų Asirija sutriuškino šiaurinę, Izraelio

karalystę. Daugybė žmonių pateko į Asirijos nelaisvę. Pietinė, Judo karalystė, taip pat buvo užpulta, bet nesunaikinta.

Vėliau karalius Nebukadnecaras užpuolė pietinę, Judo karalystę, ir trečiuoju bandymu įsiveržė į Jeruzalę, kur sugriovė Dievo šventyklą. Tai įvyko 586 metais prieš Kristų.

Trečiaisiais Jehojakimo, Judo karaliaus, karaliavimo metais Nebukadnecaras, Babilono karalius atžygiavo prie Jeruzalės ir apgulė ją. Pirmojo puolimo metu karalius Nebukadnecaras sukaustė karalių Jehojakimą vario grandinėmis ir nugabeno į Babiloną kartu su kai kuriais Dievo namų daiktais.

Danielius buvo tarp pirmųjų karališkosios šeimos ir kilmingų belaisvių. Jie gyveno pagonių šalyje, tačiau Danielius klestėjo, tarnaudamas keliems karaliams – Nebukadnecarui ir Belšacarui Babilone bei Persijos karaliams Darijui ir Kyrui. Danielius ilgą laiką gyveno pagonių šalyse ir tarnavo joms, eidamas karalių patikėtas aukštas pareigas, bet parodė tikėjimą, nesitaikantį prie pasaulio, ir pergalingai gyveno, būdamas Dievo pranašu.

Nebukadnecaras, Babilono karalius, įsakė savo vyriausiajam pareigūnui atvesti jam keletą izraelitų iš karališkos šeimos ir diduomenės – sveikų vaikinų gražios išvaizdos, sumanių visose išminties šakose, apdovanotų pažinimu bei supratimu ir tinkamų tarnauti karaliaus rūmuose, kad jie būtų mokomi chaldėjų raštų ir kalbos, ir skyrė jiems kasdien maisto iš karališkų valgių bei vyno, kurį pats gėrė. Jie turėjo būti auklėjami trejus metus. Danielius buvo vienas iš jų (Danieliaus knyga 1, 4-5).

Bet Danielius apsisprendė nesitepršti karaliaus stalo valgiais ir vynu, todėl paprašė rūmų vyriausiąjį pareigūną leisti jam nesusitepršti (Danieliaus knyga 1, 8). Danielius turėjo tikėjimą ir norėjo laikytis Dievo įstatymo. Dievas maloniai nuteikė rūmų vyriausiąjį pareigūną, ir jis Danielių atjautė (9-a eilutė). Prižiūrėtojas nunešdavo nuo stalo karališkus valgius bei vyną, kurį jie turėjo gerti, ir duodavo jiems daržovių (16-a eilutė).

Matydamas Danieliaus tikėjimą Dievas suteikė jam visų raštų ir išminties pažinimą bei įgūdžius, ir net visokių regėjimų bei sapnų aiškinimo dovaną (17-a eilutė). Kai tik karalius kreipdavosi į jį klausimu, reikalaujančiu išminties ir pažinimo, jis rasdavo jį dešimt kartų pranašesnį už visus karalystės magus ir kerėtojus (20-a eilutė).

Vėliau karalius Nebukadnecaras susapnavo sapną, dėl kurio taip susirūpino, kad nebegalėjo užmigti, ir niekas iš chaldėjų negalėjo jo išaiškinti. Tačiau Danielius išaiškino jį Dievo išmintimi ir galia. Karalius labai išaukštino Danielių, apipylė jį puikiomis dovanomis ir padarė visos Babilono srities valdytoju bei visų Babilono išminčių seniūnu (Danieliaus knyga 2, 46-48).

Ne tik Babilono karaliaus Nebukadnecaro, bet ir Belšacaro karaliavimo metu Danielius pelnė palankumą ir pripažinimą. Karalius Belšacaras paskelbė, kad Danielius turi būti trečias karalystės valdžioje. Kai karalius Belšacaras buvo nužudytas, Darijui tapus karaliumi, Danielius buvo ir jo patikėtinis.

Karalius Darijus paskyrė karalystei 120 satrapų ir tris ministrus jiems prižiūrėti. Danielius išsiskyrė iš visų nepaprasta dvasia, ir karalius ketino paskirti jį valdyti visą karalystę.

Ministrai ir satrapai pradėjo ieškoti progos ką nors prikišti Danieliui dėl karalystės reikalų. Tačiau jie negalėjo rasti jokios priežasties skundui ar priekaištui, nes jis buvo ištikimas, ir nebuvo įmanoma jam prikišti jokio apsileidimo, jokio nusikaltimo. Todėl jie susimokė apkaltinti Danielių, surengdami sąmokslą, susijusį su jo Dievo įstatymu. Jie paprašė, kad būtų paskelbtas ir griežtai vykdomas toks karaliaus įsakas: jeigu kas per artimiausias trisdešimt dienų melstųsi kokiam nors dievui ar žmogui, išskyrus karalių, tai būtų įmestas į liūtų duobę. Jie paprašė paskelbti draudimą ir pasirašyti raštą, nepakeičiamą ir neatšaukiamą pagal medų ir persų įstatymą. Tada karalius Darijus pasirašė draudžiamąjį raštą.

Nors Danielius ir žinojo, kad draudžiamasis raštas pasirašytas, jis pareidavo į savo namus, kurių viršutiniame aukšte langai atsidarydavo į Jeruzalės pusę, puldavo ant kelių tris kartus per dieną, melsdavosi savo Dievui ir šlovindavo jį, kaip ir anksčiau (Danieliaus knyga 6, 11). Danielius žinojo, kad bus įmestas į liūtų duobę, jeigu nepaisys draudimo, bet pasiryžo kankinio mirčiai ir tarnavo tik Dievui.

Danielius net Babilono nelaisvėje visada prisiminė Dievo malonę, karštai mylėjo Jį ir atsiklaupęs melsdavosi bei dėkodavo po tris kartus kiekvieną dieną. Jis turėjo stiprų tikėjimą ir niekada nesitaikė prie pasaulio, tarnaudamas Dievui.

Danielius įmestas į liūtų duobę

Sąmokslininkai, pavydėję Danieliui, įsibrovė ir užklupo jį besimeldžiantį ir maldaujantį savo Dievo pasigailėjimo. Paskui jie nuėjo pas karalių ir pranešė apie uždraudimo nepaisantį žmogų. Pagaliau karalius suprato, kad šie prašė draudžiamojo rašto ne jo garbei, bet Danieliaus pašalinimui, ir buvo smarkiai sujaudintas.

Karaliaus pasirašytas raštas, negalėjo būti atšauktas.

Išgirdęs šį pranešimą karalius labai nuliūdo ir norėjo išgelbėti Danielių, bet ministrai ir satrapai privertė karalių vykdyti savo įsaką, ir šis neturėjo kito pasirinkimo.

Tuomet karaliaus įsakymu Danielius buvo atvestas ir įmestas į liūtų duobę, paskui akmuo buvo atitemptas ir užristas ant duobės angos, kad nė kiek nebūtų pakeistas Danieliaus likimas.

Tada karalius, kuris mylėjo Danielių, sugrįžo į savo rūmus ir visą naktį pasninkavo, atsisakė pramogų ir negalėjo užmigti. Pradėjus aušti, karalius atsikėlė ir nuskubėjo prie liūtų duobės. Žmogiškai mąstant, įmestas į alkanų liūtų duobę Danielius turėjo būti jų suėstas. Tačiau karalius skubėjo prie liūtų duobės, turėdamas viltį, kad Danielius liko gyvas.

Tais laikais pasmerkti mirčiai nusikaltėliai buvo dažnai metami į liūtų duobę. Kaip Danielius galėjo įveikti liūtus ir išlikti gyvas? Karalius turėjo viltį, kad Dievas, kuriam Danielius tarnavo, galėjo išgelbėti jį. Prisiartinęs prie duobės, jis verksmingu balsu sušuko Danieliui: „O Danieliau, gyvojo Dievo tarne, ar įstengė išgelbėti tave nuo liūtų Dievas, kuriam tu ištikimai tarnauji?"

Jo nuostabai Danieliaus balsas pasigirdo iš liūtų duobės. Danielius atsiliepė: „O karaliau, gyvuok amžinai! Mano Dievas atsiuntė savo angelą, ir šis užčiaupė liūtų nasrus, kad jie man nepakenktų, nes aš buvau jo akivaizdoje rastas nekaltas. Netgi tau, o karaliau, aš nenusikaltau." (Danieliaus knyga 6, 22-23).

Karalius tuo nepaprastai džiaugėsi ir įsakė, kad Danielius būtų iškeltas iš duobės. Jis buvo iškeltas gyvas ir sveikas. Tai buvo tikras stebuklas! Tai buvo tikėjimo triumfas, nes Danielius pasitikėjo Dievu! Danielius pasitikėjo gyvuoju Dievu, todėl išliko gyvas tarp alkanų liūtų ir net atskleidė nuostabią Dievo šlovę pagonims.

Karalius įsakė, kad būtų atvesti tie vyrai, kurie apšmeižė Danielių, ir įmesti į liūtų duobę jie, jų vaikai ir žmonos. Jiems net nepasiekus duobės dugno, liūtai griebė juos ir sutriuškino visus jų kaulus (Danieliaus knyga 6, 25). Paskui karalius Darijus parašė visų kalbų tautoms ir gentims, gyvenančioms visoje žemėje, kad jie bijotų gyvojo Dievo.

Karalius savo raštu paskelbė: „Teklesti jūsų gerovė! Šiuo raštu įsakau, kad visoje mano karališkoje valdoje žmonės drebėtų iš baimės Danieliaus Dievo akivaizdoje, nes jis yra gyvasis Dievas, jis yra amžinas. Jo karalystė niekada nebus sunaikinta ir jo valdžia yra amžina. Jis apsaugo ir išgelbsti, daro ženklus ir nuostabius darbus danguje ir žemėje; jis išgelbėjo Danielių iš liūtų letenų" (Danieliaus knyga 6, 26-27).

Koks didingas tikėjimo triumfas! Ši tikėjimo pergalė buvo pasiekta todėl, kad Danielius neturėjo jokios nuodėmės ir besąlygiškai pasitikėjo gyvuoju Dievu. Jeigu savo gyvenime vadovausitės Dievo žodžiu ir gyvensite Jo meilėje, nepaisydami jokių aplinkybių ir sąlygų, Dievas pasirūpins jūsų išgelbėjimu ir atves į pergalę.

Danielius, nugalėtojas su didžiu tikėjimu

Kokį tikėjimą turėjo Danielius, atnešęs tokią didžiulę garbę ir šlovę Dievui? Pažvelkime į Danieliaus tikėjimą, kad ir mes galėtume įveikti bet kokius išmėginimus bei vargus ir atskleisti gyvojo Dievo šlovę daugybei žmonių.

Pirma, Danielius niekada nenusižengė savo tikėjimui ir nepakluso pasaulio reikalavimams.

Jis buvo vienas iš Babilono ministrų, atsakingas už valstybės reikalų tvarkymą, ir puikiai žinojo, kad bus įmestas į liūtų duobę, jeigu sulaužys karaliaus įsakymą, tačiau Danielius niekada nesivadovavo žmogišku protu ir išmintimi. Jis nebijojo žmonių, surengusių sąmokslą prieš jį. Jis atsiklaupęs meldėsi Dievui kaip ir anksčiau. Vadovaudamasis žmogišku protu, jis būtų nesimeldęs Dievui arba meldęsis pasislėpęs 30 dienų, kuriomis galiojo karaliaus įsakas. Tačiau Danieliui tai buvo nepriimtina. Jis nesistengė išsaugoti savo gyvybės ir nenuolaidžiavo pasauliui. Jis laikėsi savo tikėjimo iš meilės Dievui.

Žodžiu, jis turėjo kankinio tikėjimą, nes žinodamas, kad karalius pasirašė įsaką, pareidavo į savo namus, kurių viršutiniame aukšte langai atsidarydavo į Jeruzalės pusę, puldavo ant kelių tris kartus per dieną, melsdavosi savo Dievui, šlovindavo Jį ir dėkodavo Jam, kaip ir anksčiau.

Antra, Danielius nuolatos meldėsi su tikėjimu.

Patekęs į padėtį, kurioje jam grėsė mirtis, jis meldėsi Dievui, kaip buvo įpratę. Danielius nenorėjo nusidėti, liaudamasis melstis (Samuelio pirma knyga 12, 23).

Meldimasis yra mūsų dvasios kvėpavimas, todėl turime be

paliovos melstis. Kai išbandymai ir vargai užklumpa mus, turime melstis, o kai džiaugiamės ramybe, melskimės, kad nepakliūtume į pagundą (Evangelija pagal Luką 22, 40). Danielius išlaikė savo tikėjimą ir įveikė išbandymus todėl, kad be paliovos meldėsi.

Trečia, Danielius su tikėjimu dėkojo visose aplinkybėse.

Daug tikėjimo tėvų, aprašytų Biblijoje, visada dėkojo, nes žinojo, kad tikrai tikėti reiškia dėkoti visose aplinkybėse. Kai Danielius buvo įmestas į liūtų duobę už tai, kad vykdė Dievo įstatymą, susidorojimas su juo tapo tikėjimo triumfu. Net jeigu lūtai būtų jį suplėšę, jis būtų patekęs į Dievo rankas ir apsigyvenęs amžinoje Dievo karalystėje. Jokios pasekmės jam nebuvo baisios! Tikrai tikintis pomirtiniu gyvenimu danguje žmogus negali bijoti mirties.

Net jeigu Danielius būtų ramiai gyvenęs, būdamas karaliui paklusnus ministras, tai būtų buvusi tik laikina garbė. Tačiau būdamas ištikimas tikėjimui ir miręs kankinio mirtimi, jis būtų Dievo pripažintas, laikomas didžiu dangaus karalystėje ir gyventų amžinoje šlovėje. Todėl jis visada ir už viską dėkojo.

Ketvirta, Danielius niekada nenusidėjo. Jis turėjo tikėjimą, su kuriuo vykdė Dievo žodį.

Karalystės reikaluose nebuvo jokio pagrindo Danieliaus apkaltinimui. Jo veikloje nebuvo nė pėdsako korupcijos, aplaidumo ar nesąžiningumo. Koks tyras buvo jo gyvenimas! Jis nesigailėjo dėl savo apsisprendimo ir nesupyko ant karaliaus, įsakiusio įmesti jį į liūtų duobę, bet liko ištikimas jam ir iš liūtų duobės sušuko: „O karaliau, gyvuok amžinai!" Jei šis išmėginimas būtų už padarytas nuodėmes, Dievas nebūtų galėjęs jo apsaugoti, bet Danielius buvo nekaltas, ir Dievas jį apsaugojo.

Penkta, Danielius turėjo tikėjimą, su kuriuo visiškai pasitikėjo tik Dievu.

Jeigu turime pagarbią Dievo baimę, visiškai pasitikime Juo ir viską atiduodame į Jo rankas, Jis išspręs visas mūsų problemas. Danielius pasitikėjo Dievu ir visiškai pasikliovė Juo, todėl nenusilenkė pasauliui, bet pasirinko Dievo įstatymą ir prašė Jo pagalbos. Dievas matė Danieliaus tikėjimą ir padarė taip, kad viskas išeitų jam į gera. Danielius buvo gausiai palaimintas ir atnešė Dievui daug garbės.

Jeigu turime tokį pat tikėjimą, kokį turėjo Danielius, mes galime įveikti bet kokius išbandymus ir sunkumus, paversti juos palaiminimų priežastimi ir liudyti gyvąjį Dievą. Priešas velnias slankioja aplinkui, tykodamas ką praryti. Turime pasipriešinti velniui tvirtu tikėjimu ir gyventi Dievo apsaugoje, laikydamiesi Dievo žodžio.

Per trumpus išbandymus, su kuriais susiduriame, Dievas mus ištobulins, sutvirtins, pastiprins, pastatys ant tvirto pagrindo (Petro pirmas laiškas 5, 10). Įgykite Danieliaus tikėjimą, eikite su Dievu visą laiką ir šlovinkite Jį, meldžiu mūsų Viešpaties Jėzaus Kristaus vardu!

7 skyrius

Dievas iš anksto pasirūpina

Pradžios knyga 22, 11-14

Bet VIEŠPATIES angelas sušuko jam iš dangaus, tardamas: „Abraomai! Abraomai!" „Aš čia!" atsiliepė jis. „Nekelk rankos prieš berniuką, tęsė, nieko jam nedaryk! Dabar žinau, kad tu bijai Dievo, nes neatsisakei atiduoti man savo vienturtį sūnų." Pakėlęs akis Abraomas pamatė aviną, ragais įstrigusį krūme. Abraomas priėjo, paėmė aviną ir paaukojo jį kaip deginamąją auką vietoj savo sūnaus. O tą vietą Abraomas pavadino „VIEŠPATS parūpins" vardu, kaip ir nūdien sakoma: „VIEŠPATIES kalne bus parūpinta."

„Jehovah-jireh (Viešpats parūpins)! Kaip džiugu ir malonu tai girdėti! Dievas iš anksto viskuo pasirūpina. Šiandien daug tikinčiųjų girdėjo ir žino, kad Dievas iš anksto veikia, paruošia ir veda mus, bet dauguma žmonių nepatiria šio Dievo žodžio veikimo savo gyvenime. „Jehovah-jireh" reiškia palaiminimą, teisumą ir viltį. Kiekvienas trokšta ir ilgisi šių dalykų. Nežinodami šio žodžio reikšmės, negalime eiti palaiminimo keliu. Todėl noriu pasidalinti jumis tikėjimo pavyzdžiu, kurį parodė Abraomas, gavęs palaiminimą iš „Jehovah-jireh."

Abraomas brangino Dievo žodį labiau už viską

Evangelijoje pagal Morkų 12, 30 Jėzus sako: „Mylėk Viešpatį savo Dievą visa širdimi, visa siela, visu protu ir visomis jėgomis." Kaip parašyta Pradžios knygoje 22, 11-14, Abraomas taip mylėjo Dievą, kad galėjo bendrauti su Juo akis į akį, suprato Dievo valią ir gavo palaiminimą iš Jehovah-jireh. Turite suprasti, kad tai buvo ne atsitiktinumas.

Dievas Abraomui buvo pirmoje vietoje, o Jo žodis brangesnis už viską. Todėl jis nesivadovavo savo mintimis ir buvo visada pasiruošęs paklusti Dievui. Jis niekada nemelavo Dievui ir sau, nes visa širdimi buvo pasiruošęs priimti palaiminimus.

Dievas tarė Abraomui Pradžios knygoje 12, 1-3: „Eik iš savo

gimtojo krašto, savo tėvo namų, į kraštą, kurį tau parodysiu. Padarysiu iš tavęs didelę tautą ir palaiminsiu tave; išaukštinsiu tavo vardą, ir tu būsi palaiminimas. Laiminsiu tave laiminančius ir keiksiu tave keikiančius; visos žemės gentys ras tavyje palaiminimą."

Jeigu Abraomas būtų vadovavęsis žmogiškomis mintimis, jis būtų sunerimęs, Dievui įsakius eiti iš savo šalies, palikti gimines ir tėvo namus. Tačiau jis laikė Dievą Kūrėją savo tikruoju Tėvu, todėl pakluso Dievui ir vykdė Jo valią. Lygiai taip pat kiekvienas tikintysis gali paklusti Dievui su džiaugsmu, jeigu tikrai myli Jį, nes Dievas visuose dalykuose veikia, kad mylinčiam Jį viskas išeitų į gera.

Daug Biblijos vietų pasakoja apie tikėjimo tėvus, kurie paskyrė Dievo žodžiui pirmą vietą savo gyvenime ir vykdė jį. Karalių pirmoje knygoje 19, 20-21 parašyta: „Palikęs jaučius, šis [Eliziejus] bėgo paskui Eliją, sakydamas: „Prašau leisti man pabučiuoti tėvą ir motiną; tada tave seksiu." „Eik, bet grįžk! atsakė Elijas. Argi aš tau trukdau?" Eliziejus sugrįžo ir, paėmęs jungą jaučių, paskerdė juos. Naudodamas pakinktus kaip malkas, jis išvirė jų mėsą ir davė žmonėms valgyti. Tada paliko, sekė Eliją ir tapo jo tarnu." Kai Dievas per Eliją pašaukė Eliziejų, šis iš karto viską paliko ir pakluso Dievo valiai.

Jėzaus mokiniai elgėsi lygiai taip pat. Kai Jėzus pašaukė

juos, jie tučtuojau nuėjo su Juo. Evangelijoje pagal Matą 4, 18-22 parašyta: „Vaikščiodamas palei Galilėjos ežerą, Jėzus pamatė du brolius – Simoną, vadinamą Petru, ir jo brolį Andriejų metančius tinklą į ežerą; mat jie buvo žvejai. Jis tarė: „Eikite paskui mane! Aš padarysiu jus žmonių žvejais." Tuodu tuojau paliko tinklus ir nuėjo su juo. Paėjėjęs toliau, Jėzus pamatė kitus du brolius – Zebediejaus sūnų Jokūbą ir jo brolį Joną. Jiedu su savo tėvu Zebediejumi valtyje taisė tinklus. Jis ir tuos pašaukė. Jie, tučtuojau palikę valtį ir tėvą, nuėjo su juo."

Štai kodėl karštai raginu jus įgyti tikėjimą, kuriuo galėsite besąlygiškai paklusti Dievo valiai, kad ir kokia ji būtų, tuomet Dievo žodis jums bus brangesnis už viską, o Dievas galingai veiks jūsų gyvenime, kad viskas išeitų į gera.

Abraomas visada atsakė „Taip!"

Paklusdamas Dievo žodžiui Abraomas paliko savo šalį Haraną ir iškeliavo į Kanaano kraštą. Tačiau ten siautėjo badas, todėl jam teko vykti į Egiptą (Pradžios knyga 12, 10), kuriame Abraomas vadino savo žmoną „seserimi," kad nebūtų nužudytas. Kai kas teigia, kad jis apgaudinėjo aplinkinius, vadindamas žmoną seserimi, nes buvo bailys ir išsigando mirties. Tačiau iš tiesų jis nemelavo, tik naudojosi žmogišku gudrumu. Kai jam buvo įsakyta palikti savo šalį, jis be baimės pakluso. Jis neapgaudinėjo aplinkinių, vadindamas žmoną seserimi, ir nebuvo bailys. Jis elgėsi taip ne tik todėl, kad žmona tikrai buvo jo pusseserė, bet ir dėl to, kad pristatyti ją seserimi buvo išmintingiau, negu vadinti žmona.

Gyvendamas Egipte Abraomas buvo Dievo nuskaistintas, kad pasikliautų Juo su tobulu tikėjimu, be žmogiškų minčių ir išminties. Jis visada buvo pasiruošęs paklusti, bet dar turėjo ir kūniškų minčių, kuriomis reikėjo atsikratyti. Dievas per šį išbandymą leido Egipto faraonui gerai elgtis su Abraomu. Dievas suteikė jam daug palaiminimų, įskaitant daug avių, jaučių, asilų, vergų ir vergių, asilių ir kupranugarių.

Tai rodo, kad išbandymams užklupus dėl mūsų nepaklusnumo, turime kęsti sunkumus, bet jeigu išmėginimų priežastis yra dar neatmestos kūniškos mintys, nors ir esame paklusnūs, Dievas padarys, kad viskas išeitų į gera.

Šis išbandymas išmokė jį visada sakyti tik „Amen" ir visada paklusti, ir paskui Dievas liepė jam paaukoti vienintelį sūnų Izaoką kaip deginamąją auką. Pradžios knygoje 22, 1 parašyta: „Po šių įvykių Dievas išbandė Abraomą. Jis tarė jam: 'Abraomai!' Šis atsiliepė: 'Aš čia!'"

Kai gimė Izaokas, Abraomas buvo šimto metų amžiaus, o jo žmona Sara – devyniasdešimties. Jiems buvo nebeįmanoma susilaukti vaikų, bet per Dievo malonę ir pažadą jiems gimė

Dievas iš anksto pasirūpina · 91

sūnus, kurį jis brangino labiau už viską. Be to, jis buvo Dievo pažadėtoji sėkla. Štai kodėl Abraomas apstulbo, kai Dievas įsakė jam paaukoti savo sūnų kaip deginamąją auką – kaip gyvulį! Tai pranoko bet kokio žmogaus vaizduotę.

Abraomas tikėdamas, kad Dievas gali prikelti jo sūnų iš numirusių, vykdė Dievo įsakymą (Laiškas hebrajams 11, 17-19). Kitaip sakant, jo visos kūniškos mintys buvo sunaikintos, ir jis turėjo tikėjimą, kuriuo galėjo paaukoti savo sūnų Izaoką kaip deginamąją auką.

Dievas matė Abraomo tikėjimą ir paruošė aviną deginamajai aukai, kad Abraomas nekeltų rankos prieš savo sūnų. Abraomas rado aviną, ragais įstrigusį krūme ir paaukojo jį kaip deginamąją auką vietoj savo sūnaus. Tą vietą Abraomas pavadino „VIEŠPATS parūpins" vardu.

Pradžios knygoje 22, 12 Dievas pagyrė Abraomą už jo tikėjimą: „Dabar žinau, kad tu bijai Dievo, nes neatsisakei atiduoti man savo vienturtį sūnų" ir davė jam nuostabų palaiminimo pažadą 17-18 eilutėse: „Aš tikrai laiminsiu tave ir padarysiu tavo palikuonis tokius gausingus kaip dangaus žvaigždės ir pajūrio smiltys. Tavo palikuonys užims savo priešų vartus, ir visos tautos žemėje gaus palaiminimą per tavo palikuonis, nes tu buvai klusnus mano balsui."

Net jeigu jūsų tikėjimas nepasiekė Abraomo lygio, jūs galite retkarčiais patirti palaiminimą „VIEŠPATS parūpins." Kai jūs ketinate ką nors daryti, paaiškėja, kad Dievas viską jau paruošė. Tai įvyksta todėl, kad tą akimirką jūs visa širdimi trokštate tik Dievo. Jeigu įgysite Abraomo tikėjimą ir visiškai paklusite Dievui, gyvensite palaiminime „VIEŠPATS parūpins" visur ir visada. Koks nuostabus gyvenimas Kristuje!

Norėdami sulaukti palaiminimo Jehovah-jireh, „VIEŠPATS parūpins," turite sakyti „Amen" bet kokiam Dievo paliepimui ir gyventi tik pagal Dievo valią, visiškai atmetę savo pačių mintis. Turite pelnyti Dievo pripažinimą. Štai kodėl Dievas aiškiai sako, kad klusnumas geriau už auką (Samuelio pirma knyga 15, 22).

Jėzus turėjo Dievo pavidalą, tačiau nelaikė grobiu būti lygiam su Dievu, bet apiplėšė pats save, priimdamas tarno pavidalą ir tapdamas panašus į žmones. Jis nusižemino, tapdamas klusnus iki mirties (Laiškas filipiečiams 2, 6-8). Apie visišką paklusnumą kalba Antras laiškas korintiečiams 1, 19-20: „Juk Dievo Sūnus Jėzus Kristus, kurį jums paskelbėme aš, Silvanas ir Timotiejus, anaiptol nebuvo ir „taip", ir „ne", bet jame buvo tik „taip". Kiek tik yra Dievo pažadų, jie jame yra „taip". Todėl per jį skamba ir mūsų „Amen" Dievo garbei."

Kaip vienatinis Dievo Sūnus sakė tik „taip", mes neabejodami turime sakyti „Amen" kiekvienam Dievo žodžiui ir garbinti Jį, gavę palaiminimą „VIEŠPATS parūpins."

Abraomas visada siekė taikos ir šventumo

Labiau už viską brangindamas Dievo žodį ir mylėdamas Dievą, Abraomas sakė tik „Amen" ir besąlygiškai pakluso Dievo žodžiui, trokšdamas patikti Dievui. Be to, jis tapo tobulai pašventintas ir visada siekė santaikos su visais aplinkiniais, kad pelnytų Dievo pripažinimą.

Pradžios knygoje 13, 8-9 jis sako savo sūnėnui Lotui: „Prašyčiau, kad nebūtų vaido tarp manęs ir tavęs ar tarp mano piemenų ir tavo piemenų, nes esame giminaičiai. Argi ne visas kraštas prieš tave? Prašyčiau atsiskirti nuo manęs. Jei tu eisi į kairę, aš eisiu į dešinę, jei tu eisi į dešinę, aš eisiu į kairę."

Jis buvo vyresnis už Lotą, bet leido šiam rinktis kraštą, nes siekė santaikos ir aukojo savo interesus. Jis ieškojo ne savo, bet kitų naudos, nes buvo kupinas dvasinės meilės. Taip pat ir jūs, jeigu gyvenate tiesoje, turite nesiginčyti su kitais ir nesigirti, kad taikiai sugyventumėte su visais.

Pradžios knygos 14 skyriaus 12 ir 16 eilutėse sužinome, kad išgirdęs, jog paimtas į nelaisvę jo brolio sūnus Lotas, Abraomas sutelkė tris šimtus aštuoniolika vyrų – savo išlaikytinių, gimusių jo šeimynoje, pasivijo grobikus ir atėmė visus turtus, atėmė taip pat savo brolio sūnų Lotą ir jo turtus, moteris bei kitus žmones.

Būdamas visiškai teisus ir elgdamasis teisingai, jis davė nuo visko dešimtinę Melchizedekui, Salemo karaliui, o visa kita grąžino Sodomos karaliui, sakydamas: „Neimsiu nei siūlo galo, nei apavo dirželio, nei ko nors, kas tau priklauso, idant nesakytumei: 'Aš padariau Abromą turtingą.'" (23-a eilutė). Abraomas ne tik siekė santaikos su visais, bet ir gyveno dorai bei nepriekaištingai.

Laiškas hebrajams 12, 14 sako: „Siekite santaikos su visais, siekite šventumo, be kurio niekas neregės Viešpaties." Labai prašau jus suprasti, kad Abraomas nusipelnė palaiminimo Jehovah-jireh, „VIEŠPATS parūpins," siekdamas santaikos su visais ir šventumo. Karštai raginu jus siekti šventumo ir tapti tokiais pat kaip Abraomas.

Tikėjimas Dievo Kūrėjo galybe

Norėdami gauti palaiminimą „VIEŠPATS parūpins," turime tikėti Dievo galybe. Laiškas hebrajams 11, 17-19 mus moko: „Tikėdamas Abraomas atnašavo Izaoką, kai buvo mėginamas. Jis ryžosi paaukoti net viengimį sūnų jis, kuris buvo gavęs pažadus, kuriam buvo pasakyta: Tau bus duoti palikuonys iš Izaoko. Jis suprato, kad Dievui įmanoma prikelti net mirusius, todėl atgavo sūnų kaip įvaizdį." Abraomas tikėjo, kad Dievas Kūrėjas savo galybe gali padaryti viską, todėl pakluso Dievui, atmesdamas visas kūniškas mintis.

Ką jūs darytumėte, jeigu Dievas įsakytų jums paaukoti savo vienturtį sūnų kaip deginamąją auką? Jeigu jūs tikite galybe Dievo, su kuriuo nieko nėra neįmanomo, kad ir kaip jūsų protas priešintųsi tokiam įsakymui, jūs pajėgsite paklusti. Tuomet gausite palaiminimą „VIEŠPATS parūpins."

Dievo galybė neribota, Jis iš anksto paruošia, įvykdo ir atlygina mums palaiminimais, jeigu mes visiškai paklūstame jam, atmetę visas kūniškas mintis, kaip Abraomas. Jeigu mes mylime ką nors labiau negu Dievą arba sakome „Amen" tik tam, kas atitinka mūsų supratimą ir teorijas, niekada nesulauksime palaiminimo „VIEŠPATS parūpins."

Apaštalas Paulius Antrame laiške korintiečiams 10, 4-5 sako: „Jais [Dievo ginklais] nugalime gudravimus ir bet kokią puikybę, kuri sukyla prieš Dievo pažinimą. Jais paimame nelaisvėn kiekvieną mintį, kad paklustų Kristui." Norėdami gauti ir patirti palaiminimą „VIEŠPATS parūpins," turime atmesti kiekvieną žmogišką mintį ir įgyti dvasinį tikėjimą, kuriuo sakome „Amen." Jeigu Mozė nebūtų turėjęs dvasinio tikėjimo, kaip jis būtų perskyręs Raudonąją jūrą į dvi dalis? Ar Jozuė būtų sugriovęs Jericho miestą be dvasinio tikėjimo?

Jeigu jūs paklūstate tik tiems įsakymams, kuriems neprieštarauja jūsų supratimui ir žinioms, tai ne dvasinis paklusnumas. Dievas sukuria viską iš nieko, todėl kaip galima lyginti Jo galybę su žmonių, kurie gali padaryti ką nors tik iš to, kas jau yra, jėgomis ir žiniomis?

Evangelijoje pagal Matą 5, 39-44 parašyta: „O aš jums sakau: nesipriešink piktam [žmogui], bet jei kas tave užgautų per dešinį skruostą, atsuk jam ir kitą. Jei kas nori su tavimi bylinėtis ir paimti tavo marškinius, atiduok jam ir apsiaustą. Jei kas verstų tave nueiti mylią, nueik su juo dvi. Prašančiam duok ir nuo norinčio iš tavęs pasiskolinti nenusigręžk. Jūs esate girdėję, jog buvo pasakyta: Mylėk savo artimą ir nekęsk priešo. O aš jums sakau: mylėkite savo priešus ir melskitės už savo persekiotojus."

Kas pajėgtų bent įsivaizduoti, kaip Dievo tiesos žodis skiriasi nuo mūsų minčių ir pažinimo? Štai kodėl raginu jus visada prisiminti, kad jeigu sakysite „Amen" tik tam, kas neprieštarauja jūsų mintims, nepasieksite Dievo karalystės ir nesulauksite palaiminimo „VIEŠPATS parūpins."

Gali būti, kad jūs išpažįstate tikėjimą visagaliu Dievu, bet ar nepatiriate nevilties, nerimo ir susirūpinimo, kai susiduriate su kokiomis nors rimtomis problemomis? Jeigu patiriate, jūsų tikėjimas nėra tikras. Jeigu turite tikrą tikėjimą, jūs pasitikite Dievo galybe ir atiduodate visas problemas į Jo rankas su džiaugsmu ir dėkojimu.

Atiduokite Dievui pirmąją vietą savo gyvenime, tapkite klusnūs ir atsakykite tik „Amen" į kiekvieną Dievo žodį, siekite taikos su visais šventumu ir tikėkite Dievo, kuris gali prikelti mirusiuosius, galybe, kad gyventumėte džiaugsme, gavę palaiminimą „VIEŠPATS parūpins," meldžiu Viešpaties Jėzaus Kristaus vardu!

Autorius:
Dr. Jaerock Lee

Dr. Jaerock Lee gimė 1943 metais Korėjos Respublikos Jonams provincijoje. Būdamas dvidešimties jis jau septynerius metus sirgo daugybe nepagydomų ligų ir laukė mirties, neturėdamas vilties pasveikti. Tačiau 1974 metais jo sesuo nusivedė jį į vieną bažnyčią, ir kai jis atsiklaupė pasimelsti, Gyvasis Dievas iš karto išgydė jį nuo visų ligų.

Nuo tos akimirkos, kai dr. Lee susitiko su Gyvuoju Dievu, jis pamilo Dievą visa savo širdimi ir 1978 m. jis buvo pašauktas Dievo tapti Jo tarnu. Jis karštai meldėsi, norėdamas aiškiai sužinoti Dievo valią, visiškai ją įvykdyti ir paklusti visam Dievo Žodžiui. 1982 m. jis įsteigė Manmin centrinę bažnyčią Seule, Korėjoje, ir nuo to laiko joje vyksta nesuskaičiuojami Dievo darbai – antgamtiški išgydymai ir stebuklai.

1986 m. kasmetinės Korėjos Jėzaus Bažnyčios „Sunkiu" asamblėjos metu dr. Lee buvo įšventintas pastoriumi, o 1990 m. – praėjus tik ketveriems metams – jo pamokslai buvo transliuojami Australijoje, Rusijoje, Filipinuose ir daugelyje kitų šalių Tolimųjų Rytų radijo transliacijų kompanijos, Azijos radijo transliacijų stoties ir Vašingtono krikščionių radijo sistemos dėka.

Po trejų metų, 1993, Manmin centrinė bažnyčia buvo išrinkta Amerikos žurnalo „Christian World" viena iš „50 geriausių pasaulio bažnyčių", ir jis gavo teologijos garbės daktaro laipsnį Krikščionių Tikėjimo Koledže, Floridoje, JAV, o 1996 m. Teologijos seminarijos „Kingsway" (Ajova, JAV), dvasinės tarnystės daktaro laipsnį.

Nuo 1993 m. dr. Lee tapo pasaulinių misijų lyderiu, rengdamas daug evangelizacinių kampanijų Tanzanijoje, Argentinoje, Los Andžele, Baltimorėje, Havajuose, Niujorke, Ugandoje, Japonijoje, Pakistane, Kenijoje, Filipinuose, Hondūre, Indijoje, Rusijoje, Vokietijoje, Peru, Kongo Demokratinėje Respublikoje, Izraelyje ir Estijoje.

2002 m. Korėjos pagrindinių krikščioniškų laikraščių už savo veiklą įvairiose Didžiosiose jungtinėse evangelizacinėse kampanijose jis buvo pavadintas „pasaulinio masto pastoriumi". Jis surengė „Niujorko evangelizacinę kampaniją 2006" garsiausioje pasaulio arenoje „Madison Square Garden." Šis renginys buvo transliuojamas 220 tautų, o savo „Izraelio vieningoje evangelizacinėje kampanijoje 2009", kuri vyko

Jeruzalės tarptautiniame konvencijų centre (ICC), jis drąsiai skelbė, kad Jėzus Kristus yra Mesijas ir Gelbėtojas.

Jo pamokslai transliuojami į 176 šalis per palydovus, įskaitant GCN TV. Populiarus Rusijos krikščioniškas žurnalas „Pergalėje" ir naujienų agentūra „Christian Telegraph" už jo tarnystę per TV ir misionierišką veiklą įtraukė jį į įtakingiausių krikščionių vadovų dešimtuką 2009 ir 2010 metais.

2013 metų gegužės mėnesio duomenimis, Manmin Centrinei Bažnyčiai priklauso daugiau negu 120 000 narių. Visame pasaulyje yra 10 000 dukterinių bažnyčių, įskaitant 56 vietos bažnyčias, daugiau negu 129 misionieriai buvo paskirti darbui 23 šalyse, įskaitant Jungtines Valstijas, Rusiją, Vokietiją, Kanadą, Japoniją, Kiniją, Prancūziją, Indiją, Keniją ir daug kitų šalių.

Šios knygos išleidimo metu, Dr. Lee buvo parašęs 85 knygas, įskaitant bestselerius „Patirti amžinąjį gyvenimą anksčiau už mirtį", „Mano gyvenimas, mano tikėjimas 1 ir 2", „Kryžiaus žinia", „Tikėjimo mastas", „Dangus 1 ir 2", „Pragaras" ir „Dievo jėga". Jo darbai išversti į daugiau negu 75 kalbas.

Jo krikščioniški straipsniai spausdinami šiuose leidiniuose: „The Hankook Ilbo", „The JoongAng Daily", „The Dong-A Ilbo", „The Munhwa Ilbo", „The Seoul Shinmun", „The Kyunghyang Shinmun", „The Hankyoreh Shinmun", „The Korea Economic Daily", „The Korea Herald", „The Shisa News" ir „The Christian Press".

Šiuo metu Dr. Lee yra daugelio misijų organizacijų ir asociacijų vadovas: Jėzaus Kristaus jungtinės šventumo bažnyčios pirmininkas, Manmin pasaulinės misijos pirmininkas, Pasaulinės krikščionybės prabudimo misijų asociacijos nuolatinis pirmininkas, Manmin, Pasaulinio krikščionių tinklo (GCN) steigėjas ir tarybos pirmininkas, Pasaulio krikščionių gydytojų tinklo (WCDN) steigėjas ir tarybos pirmininkas, Tarptautinės Manmin seminarijos (MIS) steigėjas ir tarybos pirmininkas.

Kitos vertingos to paties autoriaus knygos

Dangus (1 ir 2 dalys)

Žavios gyvenimo aplinkos, kurioje gyvena Dangaus piliečiai, detalus aprašymas ir puikus skirtingų dangaus karalystės lygių pavaizdavimas.

Mano Gyvenimas, Mano Tikėjimas (1 ir 2 dalys)

Gardžiausias dvasinis aromatas, sklindantis iš gyvenimo, kuris tamsių bangų, šalto jungo ir neapsakomos nevilties laikais žydėjo neprilygstama meile Dievui.

Patirti Amžinąjį Gyvenimą Anksčiau už Mirtį

Dr. Džeiroko Li, kuris buvo gimęs iš naujo, išgelbėtas iš mirties šešėlio slėnio ir gyvena pavyzdingą krikščionišką gyvenimą, liudijimo memuarai.

Tikėjimo Saikas

Kokia buveinė, karūna ir apdovanojimai laukia jūsų Danguje? Ši knyga išmintingai ir kryptingai padės jums nustatyti savo tikėjimo saiką ir išugdyti geriausią ir brandžiausią tikėjimą.

Pragaras

Nuoširdus pamokslas visiems žmonėms nuo paties Dievo, kuris nori, kad nei viena siela nepatektų į pragaro gelmes! Sužinosite apie visai jums nepažįstamą pragaro gelmių realybę.

www.urimbooks.com

www.ingramcontent.com/pod-product-compliance
Lightning Source LLC
LaVergne TN
LVHW052048070526
838201LV00086B/5100